本 2

社内研修が「つまらん！」

〝集団力〟は
どこへ消えた?

フィフティ・アワーズ代表取締役
水島温夫
mizushima atsuo

言視舎

はじめに――この小さな物語を書いたわけ

▼社内研修がつまらん！

現在進められている社内研修を決して否定するつもりで本書を書いたわけではない。人材開発部の方々は、外部の研修コンサルタントなどをうまく使いながら多くの新しい試みをしている。国内競争の激化を乗り切る人材、グローバル人材のひっ迫など、人材育成は待ったなしだ。まさに21世紀が人材の時代といわれる中で頑張っている。それに水をさすつもりはない。

ただ、ひとつだけ心配なことがある。一言でいえば、リンカーンの演説ではないが、「自社の、自社の考えによる、自社のための」迫力に満ちた研修になっていないのではないかという心配である。「つまらん！」とはそういう意味だ。

▼増収増益に直結する研修

迫力ある研修として、この小さな物語では事業の増収増益に直結する研修を提案している。

厳しい競争の中にあって、ビジネスの現場では今期のノルマを達成するだけで精一杯で、新たな増収増益のための進化変化と新しい製品事業の芽を育てる時間と心の余裕が失われている。

やるべきだと頭ではわかっていても社員の行動に落とし込めていない。結果として、だんだん「儲かる気のしない」ビジネスに陥っている。トップから現場の社員まで程度の差こそあれ同じ危機感を持っている。しかし動けない。潜在力はあるのだから、何かを〝チョット〟変えることで増収増益の道が開けるはずだ。

そこで、人材開発部が担当している研修だ。

現在の研修の位置づけは、自社のビジネスの現場とは一線を画した、基礎体力作り的な色彩の強いものだ。将来に向けての人材づくりの一環として、より広い視野、多様な考え方、アプローチなど、ビジネスの現場では獲得できない知識を補完してきた。それはそれで筋が通っている。

しかし、状況はひっ迫している。ビジネスの現場が疲弊している。増収増益のために考え、試し、具体化する力が急速に失われている。

このような中で、研修を、将来に向けての人材育成から、いまそこにある事業の**増収増益に直結する集団づくり**へと重点をシフトすべきだと感じている。

▼集団としての〝動き〟を差別化する

迫力のある研修であるために、キーワードは2つある。
一つは**集団力**だ。日本企業は歴史的にみても集団力に優れた民族だ。現在も日本企業の多くは個人力ではなく集団力で世界の強豪と戦っている。しかし、その集団力が今危機に瀕している。ハングリーでない若者、欧米式の成果主義など、日本企業を支えてきた集団力に影を落としている。集団力を回復し、さらに強化して世界と戦う研修が必要だ。日本企業においては、個人力を育成することはもちろん重要であるが、それ以上に重要なことは集団力の育成だ。
キーワードの二番目は〝**動き**〟だ。ひたすら小さなトライアンドエラーを素早く繰り返すことで、気が付いたら日本企業は一時GDP世界2位まで登りつめた。素晴らしい事業戦略があったわけではないし、海外より優れたリーダーが数多くいたわけでもない。ひたすら、トライアンドエラーを繰り返してモノづくり、サービスづくりに磨きをかけたからだ。

日本企業における研修で大切なのは、戦略やビジネスモデルではない。集団としての〝動き〟だ。

このスピード感ある〝動き〟で、再び世界での存在感を取り戻すことができるにちがいない。そんな思いでこの小さな物語を書いた。本書は「わが社の『つまらん！』を変える本」の第2弾として刊行される。〝動き〟が重要なのは、前作同様である。

▼この小さな物語の舞台

舞台は愛知県にある従業員数400名、年間売上高200億円のメカトロ部品メーカーだ。技術レベルは高く、取引先は米国の航空機メーカーや国内の産業用ロボットメーカーなどだ。売り上げはやや持ち直してきているが、新興国メーカーの低価格品に押され売上、利益とも頭打ちになっている。また、国内の産業用ロボットメーカーの量産機種が新興国メーカーに押され、取引量が大きく落ち込んでいる。既存事業の回復に向けての改革と、新製品、新事業開発が大きな課題となっている。

目次

登場人物

この小さな物語の登場人物を紹介しておこう。人材開発部長以下4名だ。

▼新任の人材開発部長は、生え抜きの47歳。元事業部長の**Bさん**。現場経験も豊富で部下からも信頼されていた。人材開発部の新設にあたり、自ら志願して就任した。

▼人材開発部課長**Sさん**。大学卒業して当社に入社以来15年間人事部で人材開発を担当してきた。研修一筋でやってきた。真面目な性格。

▼入社7年目の**♀さん**。大学は文学部を卒業。人事部に配属。国内ビジネススクールでMBAを取得。ズバッと切り込む性格。

▼入社5年目の**♂君**。大学は社会学専攻。人事部に配属。体育会系で元気。

さあ、この4人の人材開発部の物語を始めよう。

1. 集団力で世界に勝つ！

個人を育成するだけでは日本企業は強くならない。世界で勝つためには個人ではなく、集団力の育成のための研修が必須だ！

1.1「この忙しい中、また研修か！」

ここは、メカトロ製品メーカーの会議室。人材開発の重要性を受けて、人事部から独立して人材開発部が新設された。新任の人材開発部長以下、4名の人材開発部のメンバーが集まっている。目的は、**次期社員研修の企画**をつくることだ。新入社員研修、管理職研修、リーダー研修、専門技術者研修など、来期も盛りだくさんの中身になりそうだ。**B部長**以下、**S課長**、**中堅の♀さん**、**若手の♂君**ははりきっている。

会議の冒頭、人材開発部長が厳しい顔で話し始めた。

B：「昨日社長から呼び出しがあった。社長がおっしゃるには、当社の人材育成は本当に結果を出しているのか？　いろいろ研修内容を変えて頑張ってくれているのはわかるが、社員の力が増しているようには思えない。むしろ、挑戦力、プロ意識などは失われて、悪い意味でサラリーマン化しているように思えてならない。言われたこと、教えられたことは真面目にこなすが、あくまで受け身に徹している。これではだめだ。一度、人材開発のメンバーで**社員研修のあり方をよく考えてほしい**ということだった」

Ｂ部長は続けた。

Ｂ：「私は入社以来ずっと事業部に在籍してきた。本社の人事や人材開発については外から見ていただけで、内情はあまりよくわからない。社長の話について若手の♂君はその辺のところをどう思っているのかな？」

突然意見を求められた♂君は、頭の整理ができていないまま話し始めた。

♂：「自分が人材開発の担当ということもあって、ときどき同期の仲間に社内研修に関する感想を聞くようにしています。出てくるキーワードはいつもおおよそ同じです。

『くそ忙しい時に研修か』、

『いい息抜きにはなる』、

『他部門の人達と知り合いになれるのがいい』、

『せっかくの研修で得た知識が職場に戻っても活かすことができない』、

というのが多かったように感じました」

国内のビジネススクールでMBAを取得したての♀さんも続いて意見を述べた。

♀：「米国企業の研修と日本企業の研修はいろいろな点で違いがあるように思います。**米国企業では社内研修で資格をとらないとその業務に付けません**。業務を行なうために必須の内容が盛り込まれています。処遇にも関係します。ある大手システム会社の研修カリキュラムを見たことがありますが、それはしっかりシステマチックにできていました。**当社の社内研修はその位置づけが曖昧**だと思います」

S課長が真面目な顔をして言った。

S：「担当者としていつも悩んでいたのですが。当社の研修は受講生からみれば**中途半端**なのだと思います。現場のOJTでは教育できないことを研修で補完しようといろいろ考えてやってきましたが、内容が拡散しています。残念ながら、『あったらいいな、なくてもいいな』程度のものと受け止められているのではないでしょうか。認めたくありませんが」

B部長はメンバーの答えに頷きながら言った。

B：「ということは、社長のおっしゃったことは的外れではないということですね。私もじつは事業部門にいたときに、研修に対してはあまり大きな期待を持って臨んでいたわけではありませんでした。少し別の世界を知る、他の部門の人との出会いに期待する程度でした。人材育成が企業の生命線だということは絶対に間違っていないのですが、当社にとってどのような人材育成が本当に最適なのかについては、私自身も考えがまとまっていません」

B部長は続けた。

B：「当社は国内外の競合他社と戦ってきました。今後も決して楽な戦いではないでしょう。私たち人材開発部は**増収増益に直接つながるような研修、人材育成**を提供しなければなりません。そう、風が吹けば桶屋が儲かる的な、間接的な研修ではダメです」

当社の社内研修は位置づけが曖昧だと思います
『この忙しいときに研修か』『研修で得た知識を活かすことがない』という感想が多い
増収増益に直接つながるような研修、人材育成を提供しなければならない
『あったらいいな、なくてもいいな』程度のものと受け止められている

1.2　個人力を高めるだけではダメだ！

B部長は自分に言い聞かせるように言った。

B：「皆さんの答えをまとめると、企業は人なりということで人材育成の重要さ、必要性については総論として異論はないが、当社の社員研修は

①その**位置づけが曖昧**で、

②社員から**重視されておらず、**

③その**効果もはっきり見えていない。**

厳しく言えばこういうことなのですね」

起業家精神旺盛な♀さんが言った。

♀：「私は人材開発部をもっと役に立つ、存在感のある部署にしたいと思っています。そのためには、**人材開発部をひとつの独立した企業内サービス会社と見立てて、**来期の研修プログラムを企画すべきではないでしょうか」

♂君が質問した。

♂：「ひとつのサービス会社ということであれば、顧客がいて、サービスという商品があっ

て、それを売るということですね」

♀さんが答えた。

♀：「その通りです。顧客と商品としての研修サービス、その価値を明確にすることで研修活動に迫力が出てきます。現状では**顧客がはっきりしていません**。社員個人なのか、事業部長など組織の長なのか、役員なのか、あるいは費用を負担している本社なのか。だから、八方美人的で突込みの甘い研修内容になっていると思います」

B部長が頷きながら言った。

B：「確かにその通りだ。全てとは言わなくとも研修費用の半分を事業部負担、あるいは個人負担とすることで大きく変わるような気がする。そして、そうすることで顧客としての社員や事業部長の真のニーズを摑めるし、人材開発部としてもさらに磨かれた研修カリキュラムをつくることを要求される。♀さんの案は人材開発部を自ら背水の陣に追い込む決意をしたということなんだね」

♂君が大きく頷いて言った。

♂：「私も大賛成です。研修については毎年予算がついているから自分達で稼ぐという意識がない。決して、仕事をいい加減に流しているわけではないのですが、研修するほうも、受けるほうも自腹を切っていないから、互いに厳しさに欠ける面があるのは否めません。

事後のアンケートでも受講生のほとんどが『良かった』と回答してくれてはいますが、それは自分でお金を払っていないからだと思います」

S課長は言った。

S：「ということは、一つは事業部長からお金を頂けるように、その事業部の業績アップにつながる研修内容と、もう一つは社員個人からお金を頂けるように個人を強化育成する研修というように考えて具体化すればいいわけだ。大変だけれども現在の研修内容からは大きくジャンプできそうだ」

B部長はさらにメンバーに問いかけた。

B：「皆さんの言うように、社内研修を半分有料化して、事業部長や社員個人からお金をとるようにすることで研修が大きく進化しそうだ。早速実行に向けて考えることにしよう。これはこれとして、他に何か変えるべき点はないのだろうか。皆さんどう思う？」

しばしの間、メンバーの沈黙が続いた。そして、♀さんがポツリと言った。

♀：「当社を含めて、日本企業での研修というと各部門、部署から受講生を集めて来て、その受講生個人のスキルや考え方の強化育成を当たり前のこととしていますが、もしかすると、個人を強化育成するだけが研修ではないような気がします」

♀さんはさらに続けた。

♀：「言うまでもなく『企業は人なり』なのですが、人には**個人としての人**と、**集団に属する人としての人**の2種類があると思うのです。個人力の強化育成は大切なことですが、それ以上に、特に当社の場合、集団力の強化育成が非常に重要な課題ではないでしょうか」

個人力
集団力！

1.3「擦り合せ」と「組み合わせ」

集団力の強化育成という♀さんの言葉に♂君が反応した。

♂：「集団力という言葉で思い出したのですが、**日本企業は現場力が強い**と言われていま す。現場力も集団力のひとつだと思うのですが、最近いろいろなところで現場力が低下してきたと指摘されています。現場力はＯＪＴで磨かれていると思っていたのですが、最近は**ＯＪＴが十分機能していない**ということなのでしょうか？」

Ｂ部長は言った。

Ｂ：「たしかに一昔前の時代には私の在籍していた事業部では時間的、人員的余裕があったから、職場で若い人を指導訓練する、あるいは互いに磨き合うＯＪＴが十分機能していたと思う。しかし、人員削減や管理職の自由になる予算が削られたこともあって余裕が全く消えてしまった。この辺がＯＪＴの形骸化に大きく影響しているのかもしれないね」

♀さんが言った。

♀：「現場力もそうですが、どの職場でも一丸となって試行錯誤して何かを成し遂げるというよりは、予め業務分担をして、一人ひとりがそれに集中して、パソコンに向かって仕事をしています。気味が悪いほどオフィスが静かな部署もあります。何か仕事のやり方、やらせ方が本質的に違ってきたのではないでしょうか」

研修の話が**仕事のやり方、やらせ方**という話に変わって、再び沈黙がつづいた。

B部長が思いついたように話しはじめた。

B：「この前、ある経営セミナーに行ってみたのだが、仕事のやり方が欧米企業と日本企業とは大きく異なるそうだ。欧米はいろいろな専門性を持った複数の個人の組み合わせ型、日本は個人ではなく、集団の擦り合わせ型だそうだ」

S課長が言った。

S：「私も以前擦り合わせ型と組み合わせ型というテーマのセミナーを受けたことがあります。東大経済学部の藤本教授が日米の自動車産業を比較分析した結果として、**日本のモノづくりは擦り合わせ型**、**米国のモノづくりは組み合わせ型**とわかりやすく整理されていました。自動車のつくり方に限らず、多くの日本企業ではマネジメントも擦り合せ型だと思います」

♂君が質問した。

♂：「擦り合わせ型と集団力とどういう関係になっているのかよくわかりません。欧米の企業と日本企業のマネジメントの違いをもう少し説明していただけませんか？」

S課長は続けた。

S：「欧米型の経営は言ってみれば、最高経営責任者であるCEOを頂点とする三角形です。CEOの下に執行役員がいて、その下にゼネラルマネジャー（GM）、セクションマネジャー（CM）そして一般社員という個人を単位とするピラミッドになっています。それぞれの責任と権限がきめ細かく決められています。

中期経営計画に基づいて、トップダウンで上から下へ、全ての個人にそのノルマが分担され、専門性を持った個人としてコミットメントします。コミットメントは約束したノルマが達成できなければ上司からクビをいいわたされても文句は言いませんという意味です。日本企業にありがちな、頑張ってやってみます程度の意味とは大きく違います。このような仕事のやり方で進められます」

♂君が言った。

♂：「**欧米企業**をたとえて言えば**個人というレゴのブロック**を積み重ねたようなものですね」

S課長はその通りと言うように頷きながら続けた。

S：「一方、日本企業では個人ではなく部や、課やグループという集団があって、その中で互いに情報や考えを擦り合わせています。お互いにカバーし合いながら高品質、高サービスをつくり出しているわけです」

♀さんが言った。

♀：「欧米企業のマネジメントがレゴのイメージだとすると、**日本企業は粘土細工**のようなイメージですね。わかりやすくておもしろい」

B部長は笑いながら言った。

B：「♀さんのレゴと粘土のたとえは面白くてわかりやすいね。レゴは連結部分を標準化しているから、そこさえ共通にしておけばプラスチックでも、石でも、金属でも何の問題もなく組み合わせることができる。たしかに欧米では異質な人材をうまく組み合わせて仕事をさせている」

♂君がB部長の後を続けた。

♂：「日本企業の場合、よく同質的な集団だと言われますが、それは粘土的なマネジメントだからなのですね。粘土の中に石や金属が混じっていると十分均一に練ることができないから取り除いてしまいます。**日本の組織では異質は除外される傾向が強いのは粘土的マネジメントだから**なのですね。これでよくわかりました」

S課長は♂君が納得した様子を見て、さらにつづけた。

S：「日本企業の強さの源泉は個人個人が与えられた役割を果たすだけでなく、お互いに足りないところをカバーし合って集団として高品質、高サービスを実現しているわけだが、実はそれだけではない。集団の中の擦り合せによって、新しい創意工夫を常に生みだし続けている」

♀さんが質問した。

♀：「課長のおっしゃっているのは、たとえば有名なトヨタのカンバン方式のようなことでしょうか」

S課長は頷いた。

S：「その通りです。カンバン方式に限らず日本企業の開発、製造、営業の現場ではいつも集団の擦り合せによって新たな創意工夫をして製品や、生産性を高めてきた。気が付いたらモノづくりでは世界一になっていたというわけです」

♀さんは言った。

♀：「ということは、日本企業の根底にあるパワーは集団の擦り合わせ力による絶えざる創意工夫、進化・変化ということなのですね。だから、そのパワーを持続するためには個人ではなく、集団としての擦り合わせ力を磨きつづけなければいけない。S課長のおっしゃることはそういうことなのですね」

S課長は自分の思いをさらに語った。

S：「今、グローバル化やグローバル経営が重要とされている中で、何か欧米企業の真似をすることが目的になっているように思えますが、**日本企業、いや当社の強みをベースに欧米型をプラスしていけばいいい**と思っています。そのためには**何よりも集団力**だと思います」

欧米型企業は
「組み合わせ」
日本型企業は
「擦り合わせ」

1.4　そうだ、集団力だ。集団力で世界に勝てる！

部長はメンバーの話を聞きながら厳しい顔つきで自分の頭の中を整理するように言った。

B：「皆さんの話を聞きながらハッとさせられました。つまり、従来通り、いや日本企業の多くがやっているような**個人を強くする研修では世界に勝てない**ということなのですね。私がついこの前までいた事業部で何となく感じていたことと、皆さんが言ったことがピッタリ一致したのでビックリしています」

部長は続けた。

B：「当社の事業の始まりは60年前、ヨーロッパの変速機メーカーのライセンスを受けて日本で初めて製造したのです。その後、製品やサービス、製造工程を次々に進化、高度化させていきました。気が付くとヨーロッパのメーカーを越えていました。このような進化、高度化の知恵と具体化は当社内部から集団による創意工夫ということで産みだされたものでした。しかし、最近はマニュアル化された分業が進み、**あらたな創意工夫が出ていません**。そして、新興国メーカーの追い上げで、価格競争の対応ばかりに終始しています。このような袋小路に入ってしまったような状況が続けば当社の事業はいずれ消えてしまわないかと不安です」

S課長は言った。

S：「部長のおっしゃることに全く同感です。現在は当社の事業も大きくなり、戦線も広がっていますから、それを維持するのに大きなエネルギーを使っています。いや、使い果たしていると言ってもいいかもしれません。当社が元気だった頃と比べて集団による前向きな創意工夫が影をひそめてしまっています」

♂君が言った。

♂：「事業の売上規模が拡大した割には、人員を増やしていませんよね。だから、社員は皆日常のルーチンワークで手一杯です。以前のように定時後に集まってワイガヤなんてなくなっています。残業規制もあるし。だから、当社をはじめとして日本企業の集団力が弱体化しているのは、言ってみれば当たり前のことではないでしょうか」

S課長がさらに付け加えた。

S：「最近の新人も集団力という点では絶望的です。子どもの頃から一人部屋で大事に育てられてきています。集団の中で自分の力を発揮するのが不得手な若手が増えています。ゆとり教育の弊害だと言っている人もいます。何だか、来期の研修プログラムづくりは前途多難に思えてきましたね。どうしたらよいのか……」

再び会議室に重苦しい沈黙の時間が漂った。♀さんが言った。

♀：「事業の現場はかなり苦しんでいるわけですね。私はそこにこそ新しい人材開発部の存在価値を見出すことができると思います。**現場が困っている問題のソリューションを研修という形で提供する**わけです。

そして、幸いなことには問題の所在はすでにはっきりしています。当社が国内は当然のこととして、世界の強豪を相手に勝つためには集団力、集団による進化・変化力を高めればよいということなのですから。**弱体化した集団力を研修で再強化**です」

♂君も続いた。

♂：「当社が世界を相手に勝つためには集団力ですから。徹底した集団力の強化育成を来期以降の研修プログラムの中核に据えたらどうでしょうか」

S課長が言った。

S：「確かに、弊社が他社に勝ち、増収増益を実現するために集団力のパワーアップは避けて通ることができない。これで、海外メーカーとも十分戦える。私は大賛成です」

部長が念を押すように言った。

B：「つまり、わが社は**徹底的に集団力で差別化して、世界に勝つ！**　こういうことだな。」

集団力で差別化して、
世界に勝つ！

2. 四つの集団力を高める！

企業活動における集団は4種類ある。〝場〟、サークル、チーム、グループだ。これらの集団の意味と違いを認識して、それぞれの集団の質を高め、量を増やすことで世界に勝てる！

2.1 集団力って何だ？

事業部門はもとより、管理間接部門における集団力のパワーアップを来期の社内研修プログラムの中核に置くことで納得したメンバーは、具体的なアプローチ方法へと議論を進めた。

♂君が言った。

♂：「集団力のパワーアップといえば、テレビで放映される、小学生の**30人31脚の全国大会**はいつも見入ってしまいます。運動会の2人3脚の30人版です。メンバー全員の一体感と優勝に向けての情熱がひしひしと感じられます。テニスのような個人競技とは違う別の面白さがあります」

♀さんも言った。

♀：「私はこの前のオリンピック・ロンドン大会の日本の水泳選手たちが印象的でした。400メートルのメドレーリレーでは、個人個人が頑張るだけでなく、全員が『北島康介をメダルなしの手ぶらで帰国させるな』ということで見事銀メダルを獲得しました。集団というのは何か不思議な力を潜在的に持っているのだなと感じました。当社もそのような集団の潜在力を発揮させる研修をできれば最高ですね」

S課長も続けた。

S：「**日本企業のQCサークル**は世界的に有名ですね。世界をリードする日本のモノづくりの原点とも言われる活動です。もともとは米国の統計学者が唱えた品質管理の方法論でしたが、面白いことに米国ではなく日本のメーカーで見事に花が咲きました」

♀さんが質問した。

♀：「なぜおひざ元の米国ではなくて、遠く太平洋を隔てた日本で大成功したのでしょうね。

それから、日本以外の国ではなぜうまくいかなかったのでしょう。日本企業の人達は、他の国の企業の人達と何か違うのでしょうか？」

S課長に代わってB部長が答えた。

B：「私も♀さんと同じように日本民族は海外の他の民族と行動パターンが大きく違うように感じています。生物学的DNAという意味ではなく、文化人類学的にかなり特異な民族のように思います。このことが日本企業である当社にとって**プラスの面であると同時に、グローバル展開の障害**になっているようにも思います」

B部長は続けた。

B：「私の友人に大手プラント建設会社のエンジニアがいるのですが、昔彼が担当した中東でのプロジェクトが遅れに遅れてしまったそうです。決められた納期に間に合わなければ高額のペナルティ（罰金）を払わなければならない契約でした。客先も罰金の取り立ての準備を始めたのですが、この絶望的な状況を工事現場監督以下一丸となって間に合わせたそうです。ジャパンミラクルといって、客先もびっくりしたそうです。日本の人々にとっては当たり前のことが、他の民族には理解できない日本企業の集団力における何かがあるように思います」

♀さんが言った。

♀：「その何かわからないことが私たち日本人にもわかっていないわけですよね。もしわかっているのなら、すでに日本的集団力を強くするマネジメントなり、研修プログラムが実行されているはずですから」

S課長は言った。

S：「私も、そう思います。中国の古典である孫氏の兵法に『己を知り、敵を知れば百戦危うからず』というのがありますが、当社を含めて日本企業は集団力という己の強さの本質を知らないようです。集団力の本質をわかっていないから安易に米国流のマネジメントを導入して混乱してみたり。知らず知らずのうちに大切な集団力を弱体化させてしまうマネジメントを選択しているのかもしれません」

B部長以下、S課長の言った集団力の本質は何か、という問いに再び沈黙の時間が流れた。

2.2　進化・変化で勝つための集団力

メンバー一同は「集団力をパワーアップする」ことを来期の研修の中核にすればよいのだ。これで壁を越えたと思ったところ、今度は「集団力の本質とは何か」という新たな壁が目の前に現われた。

しばしの沈黙を破って、B部長が言った。

B：「**集団力には二種類ある**ように思う。一つは通常業務のオペレーションにおける集団力だ。先ほどのプラントの工事現場で遅れを取り戻して納期に間に合わせるために**一丸となって頑張る集団力**がそれだ。自分の役割だけでなく、互いに補完、協力し合って納期に間に合わせる行動だ」

♂君が言った。

♂：「確かに一丸となって目標に向かう姿は外国人には信じられないようです。彼らもチームプレーを重視しますが、責任と権限がはっきりしていますから、その前提での協力体制という限度があります。日本企業ほどなりふり構わずの一丸にはなれないはずです」

B部長は続けた。

Ｂ：「**集団力の二つ目**は改良、改善、革新、新しい製品やプロセスの開発など、**進化・変化のための創意工夫**つまり多くの小さなイノベーションにおける集団力だ。ＱＣサークル活動はその典型的なものだし、**トヨタのカンバン方式**は世界的なイノベーションだ」

Ｂ部長の話を聞いて♀さんが言った。

♀：「製造業の現場だけでなく、サービス業でも日本企業の創意工夫の集団力は凄いと思います。たとえば、**コンビニのセブンイレブン**は米国からそのビジネスモデルを導入しましたが、きめ細かな創意工夫を重ね、ポスシステム導入や商品開発を行ない、今では逆に米国のセブンイレブンを傘下に収めてしまいました。アジアでの展開も頑張っています」

♀さんに続いてＳ課長が言った。

Ｓ：「コンビニだけではありません。**宅急便**も全く同じです。ヤマト運輸は米国のＵＰＳ社の小口配送システムを真似て導入し、それを日本独自の宅配便事業に育てました。そして、クール宅急便など常に新しいサービスを開発しつづけています。コンビニ同様、アジアの新興国へ元気に進出しています」

メンバーの話を整理してＢ部長が言った。

Ｂ：「つまり、日本企業の特長としての集団力には２つあって、その一つが業務において一丸となって目標達成する集団力。コトのよし悪しは別にして、日本企業の責任と権限の曖昧さという背景がこの一丸となる行動を可能にしているようだ。二つ目が絶えざる創意工夫による製品、サービスの進化・変化を生み出す集団力。これが、日本のモノづくりや、コンビニ、宅配サービスにおけるグローバル競争力の原点になっているわけだ。進化・変化で世界に勝つということが必須条件の当社では、二番目の集団力が特に大切だ」

S課長が部長のことばを咀嚼するように言った。

S：「日本企業には集団力という海外の企業より優れた特長がある。特に絶えざる創意工夫、**多くのチョットしたイノベーションで進化・変化を創りだす集団力**は、厳しいグローバル競争で勝つための大きな武器になっている。だから、世界を相手に勝てる企業、存在感のある企業であり続けるためには絶えざる進化・変化を生み出し続ける集団力が生命線といえる。

それなのに、当社を含めた多くの日本企業の現状を見ると、以前はそこそこ強かった進化・変化を生み出す内部からの集団力が弱体化してしまった。だから、今、私たち人材開発部は、絶えざる進化・変化を生み出せる集団の強化育成を最優先に掲げるということですね。

なるほど筋が通ったロジックですね」

S課長のまとめで一同頭の整理ができたとばかりに何度も頷いた。

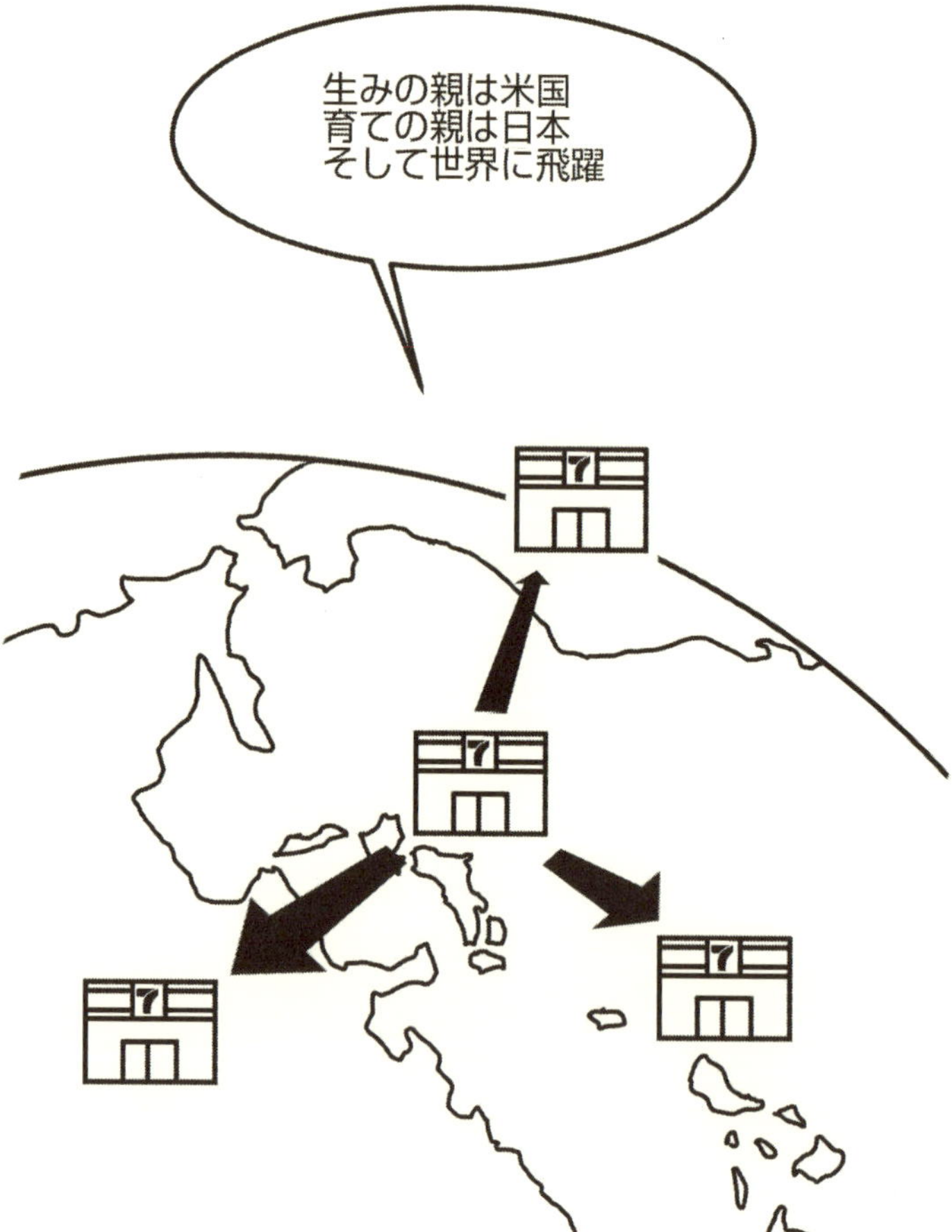
生みの親は米国
育ての親は日本
そして世界に飛躍

2.3 四つの集団力

絶えざる進化・変化を生み出す集団力のパワーアップこそ来期以降の人材開発部の中核的役割と確信したメンバーはさらに議論を進めた。

♀さんが言った。

♀：「絶えざる進化・変化を生み出す集団力ということに異論はないのですが、**一体どんな研修をすれば**いいのでしょうか？　毎年社長の社員に向けての念頭挨拶では、厳しい競争環境の中で、今こそ社員の発想の転換が求められているとか、新たな挑戦、チャレンジが必要と言い続けています。でも、このような**精神論を言っただけでは何も変わりません**。私達が提供する研修は集団での進化・変化の創出をもっと具体的なところまで落とし込まないとダメだと思うのです」

♀さんの発言を受けて、♂君が補足した。

♂：「そもそも**集団の定義**もはっきりしていません。集団は人の集まりですよね。人が集まっているシーンをいろいろ挙げて整理してみてはどうでしょう。社内では室、課、部、グループ、班、プロジェクトチーム、定例社内会議、顧客との打ち合わせ、喫煙室、企画会議、社内研修、忘年会や新年会など。社外ではお得意様を集めた懇親会、異業種交流会、展示会やイベント、学会、同業者組合……。会社を離れたところでは囲碁・将棋の集まり、地域のサッカーチーム、ボランティア活動など、いたるところに人の集まりがあります。**集団力をどのように体系化したら**よいのでしょうね」

B部長は自分のパソコンをプロジェクターにつないで、一枚の図をスクリーンに写した。

B：「この前、ある経営セミナーに参加したときにもらった配布資料がこれだ。企業活動を4つの集団で整理したものだ。面白いのでスキャナーでとっておいた」

S課長が言った。

S：「単純な図ですね。単純なほど共有化して使いやすいかもしれませんね」

B部長が続けた。

B：「企業活動に大きく関係する**集団は四種類**ある。**第一の集団はグループ**と呼ばれる集団だ。グループとは同じ属性を持つ人々の集団だ。男性のグループ、女性のグループ、米国人のグループ、中国人のグループなどだ。企業の中では、営業一課、設計二課、企画部など組織上のグループや、技術屋、営業マンという職務でのグループがある」

♂君が言った。

♂：「グルーピングという英語がありますが、同じ属性のものに分類するという意味ですね。

つまり、**グループとは同じ属性を共有する人々の集団**ということですね。わかりました」

B部長が続けた。

B：「**第二の集団はチーム**だ。チームとは**同じ目標を持ち、それぞれの役割分担を持った人々の集団**だ。プロ野球のチームはリーグ優勝するという目標を共有し、ピッチャー、キャッチャー、内野手、外野手、コーチ、監督がそれぞれ役割分担している集団だ。

企業では社内にプロジェクトチームがたくさんある。定められた目的の実現に向けて、与えられた期間と予算の中でそれぞれの担当が役割分担して進める」

♂君が再び確認した。

♂：「確かに野球はチームで、野球グループとは言いませんよね。つまり、チームというのは明確な目標を共有して、それぞれの役割を分担するプロや専門家の集まりということですね。わかりました」

B部長は他のメンバーが頷くのを確認して次に進めた。

B：「**第三の集団はサークル**だ。サークルとは**同じ価値観や問題意識を持つ人々の集団**だ。囲碁のサークル、編み物のサークルなどは同じ価値観を共有している。企業内では職場環境サークル、QCサークルなど同じ問題意識を共有して活動している」

♂君が再び確認するように発言した。

♂：「つまり、サークルは所属や、専門性には全く関係なく、同じ価値観や問題意識を共有する人々の集団ということですね。わかりました」

B部長は最後の集団について説明を始めた。

B：「**第四、つまり最後の集団は『場』だ**。『場』とは**同じ時間と空間を共有している人々の集団**だ。会議の『場』、朝会の『場』、異業種交流会の『場』、研修の『場』、学会の『場』など、『場』はいたるところに存在している」

♂君が言った。

♂：「他にも『場』は沢山ありますよね。お客様との懇親会やビッグサイトの展示会、喫煙室だって一種の『場』ですね。同じ時間、空間を共有していれば、全て『場』ということですね。これまでの部長の説明をまとめてみたいと思います。集団が何を共有しているのかという視点で分類すると①グループ（G）、②チーム（T）、③サークル（C）、④『場』（B）の四つになります。グループは属性、チームは目的、サークルは価値観・問題意識、『場』は時間と空間をそれぞれ共有しているわけです。よろしいでしょうか?」

B部長以下、メンバー一同頷いた。

B部長は言った。

B：「次に、それぞれの集団のアウトプットは何かで整理すると、さらに明確になる。『場』の**アウトプットは出会いとキッカケ**だ。たとえば顧客との『場』で環境ビジネスが面白そうだというキッカケをつかんだとすると、それが次のサークルのテーマになる。環境ビジネスが面白そうだという価値観を持つ社内の人が組織を超えてサークルを作る。サークルではどのようなビジネスコンセプトにするかが論じられ、一つのザックリとした**ビジネスの青写真**ができる。これが**サークルのアウトプット**だ。その青写真を精緻化したものがビジネスプランとなり、それを具体化する新事業プロジェクトチームができる。プロジェクトチームは新事業を具体化する。この**新事業はプロジェクトチームのアウトプット**だ。そして、この新事業は既存の事業部へ移管されたり、新たに事業部をつくって一つのグループとしてさらに拡大していく。グループとしての事業部は進化・変化を繰り返し、利益を上げ続けて存続していく。**存続、生き続けることこそがグループのアウトプット**だ」

♂君が言った。

♂：「よく考えてみると、当社の現在の事業はほとんど全て我々の諸先輩が『場』とサークル、そしてプロジェクトチームという流れの中で構築してきたものですよね。私達はそれらから利益を汲み上げるオペレーションと同時に、それだけではなく、次の増収増益に向けて新事業づくりや既存事業の進化・変化を生み出さなければならないわけですね」

		共有するもの	アウトプット
場		時間と空間	出会い、きっかけ（テーマ）
サークル		価値観、問題意識（テーマ）	明確な目標、青写真（事業コンセプト）
チーム		明確な目標、青写真	事業の具体化（事業システム）
グループ		所属、属性、運命共同体意識	組織の存続（オペレーション）

2.4 そうだ、BCTGの〝流れ〟をつくればいい！

企業活動において、集団とは「場」とサークルとチームとグループの四つから成り立っていることを認識したメンバーはさらに議論を続けた。

S課長が言った。

S：「社長がたびたび当社の組織力を高めなければならないとおっしゃっていましたが、『場』、サークル、チーム、グループという具合に整理すると**組織力の中身がより明確になるように思えます**」

♀さんもその通りとばかりに続けた。

♀：「『**場**』のアウトプットは出会いとキッカケですから、これは組織にとっての真の情報力といえるのではないでしょうか。つまり、そこから新製品や改善改革など増収増益につながる**一次情報が摑める**わけです。新聞や業界紙、あるいはネットの活字になった二次情報は大切ではあるけれども、他社に先んじるわけではありません。すでに活字になった情報では勝負にならない」

♂君も続いた。

♂：「サークルは組織の企画力といえます。他社や、先行事例の後追いでは増収増益につながりませんから当社独自の企画力は大切です。企画力のある企業には**多くのコンセプトづくりのサークルが存在している**そうです。

それから、チームは組織の実行力、具体化力と言っていいと思います。定められた目標に向けて**プロジェクトチームで決められた期限と予算で具体化**します」

S課長が言った。

S：「**グループは組織の生命力**と考えたらいい。求心力を高め、一丸となって組織の生き残りを賭けて今日の糧を稼ぎ、明日に備えて進化・変化を生み出している」

S課長がまとめた。

S：「つまり、社長のおっしゃる組織力を高めるということは、

①情報力、

②企画力、

③具体化力、

および④生命力を高めること

と整理できるということですね。

そして、そのためには『場』、サークル、チーム、グループの**四つの集団を活性化させ**

れば十分ということですね。だから、私達人材開発部は四つの集団をそれぞれ強くする研修をすればいいわけだ。こういうことですね」

♀さんが言った。

♀：「組織力が四つの集団で成り立っているなら、当社全体やそれぞれの部署の組織力をある程度相対的に定量化できますね。**四軸のレーダーチャート**を作っているのもおもしろいですね。**自分の属している組織の強い部分と弱い部分がある程度見える化**できます」

B部長が言った。

B：「♀さんの組織力の見える化はおもしろいですね。レーダーチャートをつくって、弱いところを補強することは重要です。研修の重点化にも使えるかもしれません。私は『場』、サークル、チーム、グループのそれぞれを強くするだけでなく、さらに、当社の増収増益に向けての〝**流れ**〟**をつくることも非常に大切**だと思っています。『場』の出会いやキッカケからサークル作り、サークルのアウトプットである製品やサービスや事業の青写真をプロジェクト化すること。そして、プロジェクトチームの成果をスピーディに事業部門に移管することなどです」

S課長が言った。

S：「部長がおっしゃりたいことは、四つの集団のそれぞれの質と量を増やすだけでなく、それらを増収増益に確実につなげるためのしくみ、あるいはシステムのようなものも重要だということでしょうか？　私たち人材開発部が個人や集団育成という人づくりだけでなく、事業づくりまで視野に入れるということでしょうか？」

B部長が言った。

B：「その通り！　人づくりと事業づくりを連動できなければ研修をする意味はない。**人づくりと事業づくりの連動こそ私たち人材開発部門のミッションだ**」

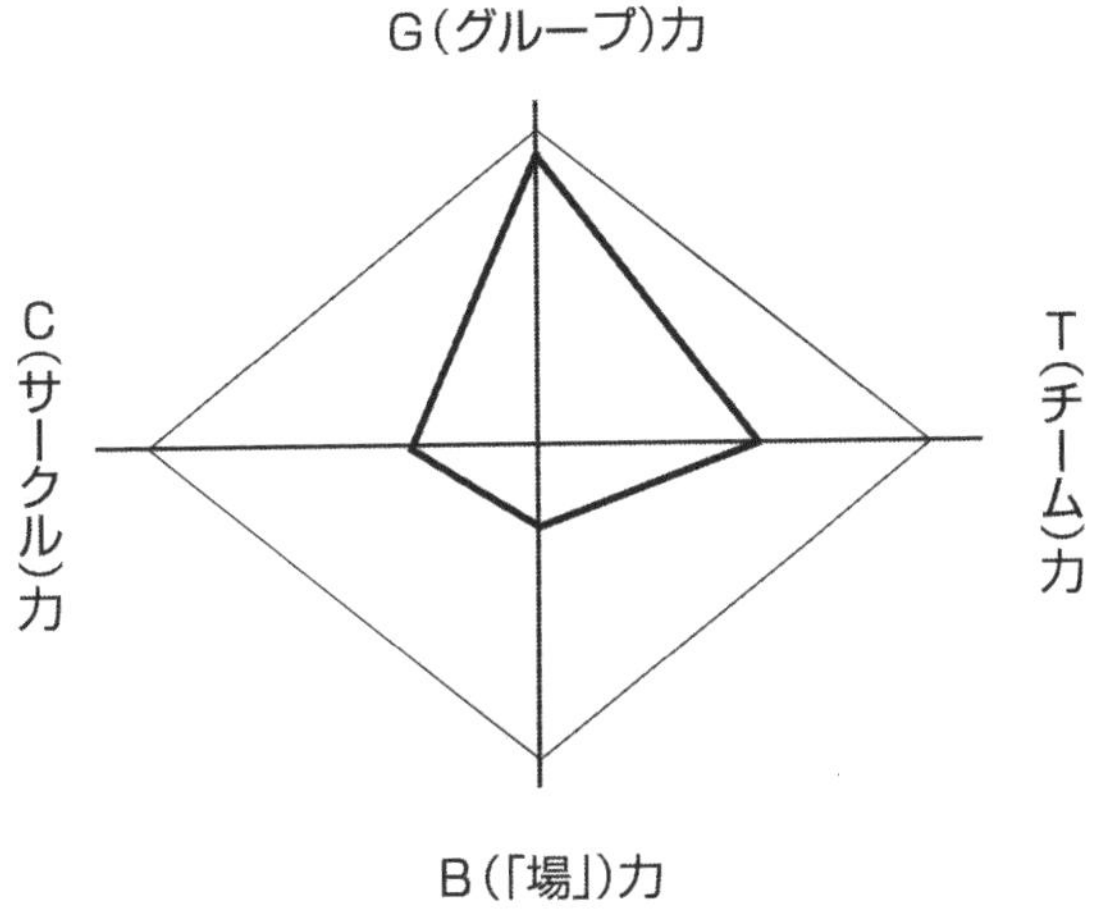
G（グループ）力
C（サークル）力
T（チーム）力
B（「場」）力

組織力を４つの集団という軸ではかってみると……？

3．事業の増収増益に直結させる！

組織の拡大とともに機能が細分化されて事業全体が見えなくなる！　機能ではなく、製品単位、事業単位で括った組織横断のリーダーの〝塊〟をつくり、強化育成することで増収増益につながる。

3.1 だめだ、〝場〟とサークルが消えてしまった！

〝場〟、サークル、チーム、グループという四つの集団を強化育成し、それらをつなげて**集団の〝流れ〟をつくればよい**と納得したメンバーの前に、またまた新たな壁が出現した。

S課長が言った。

S：「当社では〝**場**〟と**サークルがいつの間にか消えて**しまいました。これでは強化育成するにもしようがありません。昔は結構インフォーマルな〝場〟やサークルが自然発生的にあって、そこからいろいろいいアイデアや製品・事業企画が出てきたものでしたが……」

♂君が言った。

♂：「この前、同期の営業の奴と飲んだのですが、営業の一人一人の業務量が多くて忙しいということもありますが、それに加えて上司が今期のノルマのことばかりで、将来に向けての思いを語ることや、議論をすることに全く関心がないと言っていました」

B部長が言った。

B：「たしかにそのとおりだ。私が若手の営業だった頃は、上司が今期のノルマを達成しろ、それと同時に今と同じやり方を続けるなと叫んでいました。つまり、オペレーションとイノベーションを同時にやれと言っていたわけです。だから、社員は次をどうすればいいのか、ああやってみようか、こうやってみようかといつも日常業務をこなしながら考えて互いに議論していた。チョットやってみて失敗も多かったが、管理も緩かったし、上司も黙認してくれていた。それが日常的であり、当たり前だった」

MBAの勉強はしたものの、何となく米国型経営に疑問を持つ♀さんが言った。

♀：「〝場〟とサークルが消えたのは不思議でもなんでもありません。それは、経営陣が米国型の経営をお手本に効率化、合理化を優先して、将来のための進化・変化の活動を後回しにしたからだと思います。口では挑戦とか創造とか言っていましたが」

♂君が身を乗り出して尋ねた。

♂：**「なぜ、欧米型経営に走ると〝場〟とサークルが消えるのか、**もう少しわかりやすく説明していただけますか？」

♀さんは続けた。

♀：「簡単に言えば、**米国型の企業には**4つの集団のうち、チームと組織単位のグループしかありません。基本的に**〝場〟とサークルは存在しません。**だから、企業を進化・変化させるためには外の知恵を導入します。

新事業では大学やベンチャー、あるいはM&Aで外からある程度できあがった事業の苗を持ってきてプロジェクトチームで事業化します。

また、既存事業の改善や改革は、外部のコンサルタントを導入してプロジェクトでマニュアル化します」

♂君がわかったと頷きながら言った。

♂：「つまり、**米国企業の組織の中には**オペレーション集団だけがいて、**イノベーション集団はいない**のですね。だから、米国型に傾斜しすぎると〝場〟とサークルが忘れ去られて、内部からの創意工夫、イノベーションが枯渇するわけですね。だったら、当社はヤバイではないですか、部長！」

B部長は言った。

B：「その通り、今のままでは♂君の言う通り当社はヤバイのです。このままだと、しばらくは過去から蓄積された技術ノウハウの刈取りをすることで売上や利益の数値はごまかせるが、いずれ枯渇してしまう。その時はもう遅い。何の強みも魅力もない、したがって世界で存在感のない企業になってしまう。存在感のない企業は消えてゆくしかない」

♀さんが言った。

♀：「部長はそこまで読み切って、わかっていて、敢えて人材開発部に志願していらっしゃったのですね。救世主ならぬ、救社主として」

B部長は言った。

B：「その通り！　事業部は目の前の顧客への対応、横の競合他社との熾烈な競争で、時間的余裕もさることながら心の余裕が全くない。もう限界にきていて無理だ。だから私たち人材開発部が事業部門を真剣に支援する。私たち自身の意識改革でもある」

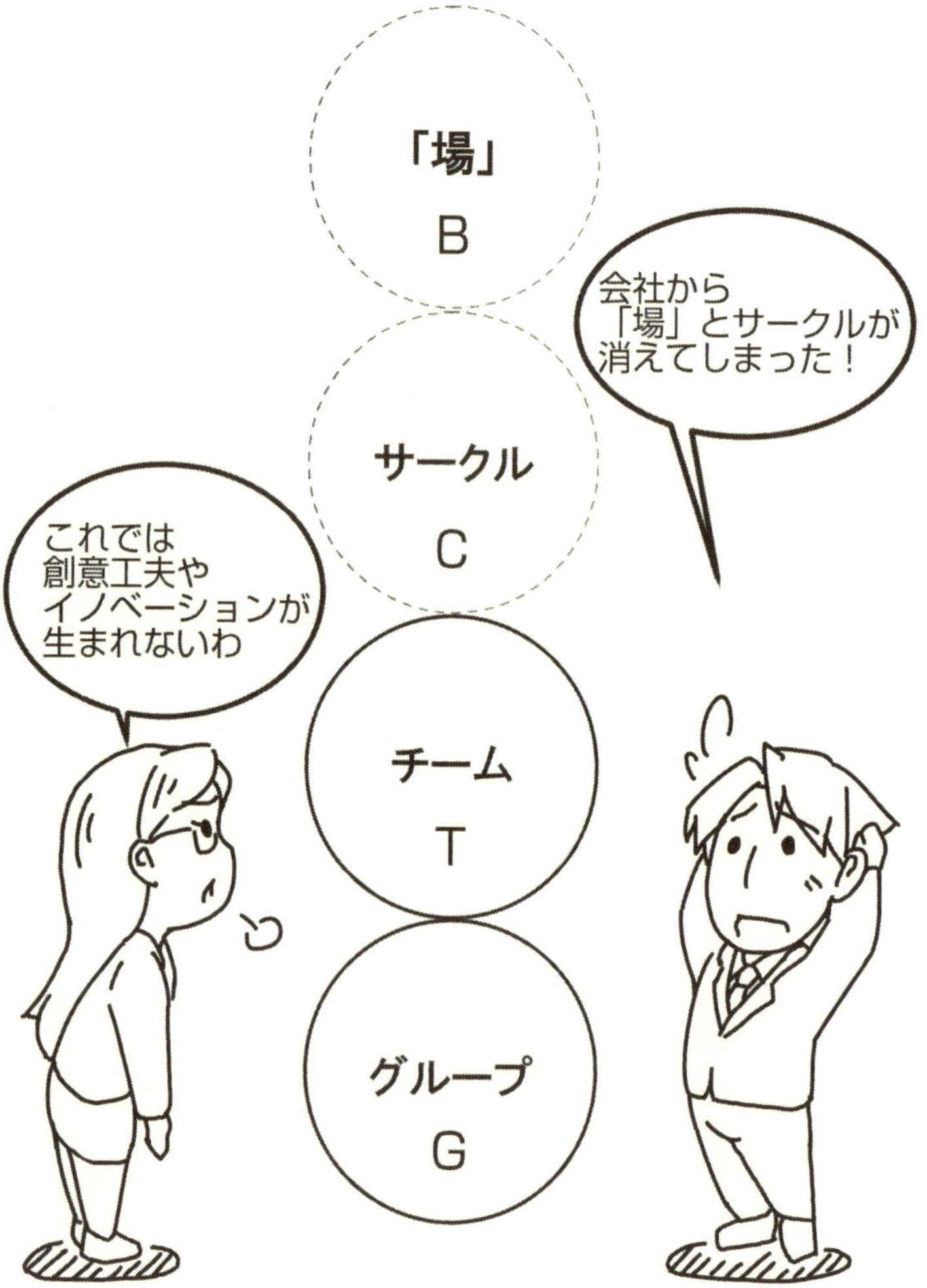
「場」
B
サークル
C
チーム
T
グループ
G
会社から「場」とサークルが消えてしまった！
これでは創意工夫やイノベーションが生まれないわ

3.2 たしかに、組織が硬直化している

超多忙と米国型経営への傾斜による、〝場〟とサークルの消滅という当社の致命的な現状を認識したメンバーは、組織の活性化をどうするかということに話を進めていった。

S課長が言った。

S：「企業の組織は創業期には活性化していますが、成長して規模が大きくなってくると硬直化してきます。いわゆる大企業病です。当社は大企業ではありませんが、かなり硬直化していると思います」

♀さんが言った。

♀：「組織の硬直化を〝場〟、サークル、チーム、グループという四つの集団で説明できると思います。創業期は規模も小さいし、同じオフィス空間で一生懸命一丸となって働いています。お互いに距離も近いですからコミュニケーションも良く、誰かがアイデアを出すとそれをたたき台に意見を出し合ったし、行けそうなプランができると互いに役割分担をして具体化していきます。つまり、〝場〟、サークル、チーム、グループの四つが一体化している状況です」

それを聴いていた♂君が言った。

♂：「**ベンチャー企業はまさに四つの集団が四位一体**になっているわけですね。だから非常に活性化している。当社も**創業期**にはそうだったのでしょうね」

♀さんが続けた。

♀：「当初は四つの集団が一体化していますが、やがて規模拡大とともに組織図に書かれた縦割りのグループばかりが目立つようになります。〝場〟やサークルは衰退し、チームも他社と横並び、あるいは後追いのテーマのプロジェクトチームだけになります」

♂君が言った。

♂：「まさに、当社の現状ですね。それぞれの部署というグループが今期のノルマ達成で精いっぱいで、組織横断的な〝場〟やサークル活動は余裕がないのでほとんど消えてしまいました」

S課長が言った。

S：「ということであれば、当社を活性化するには四位一体化に向けて組織改編をすればよい。♀さんはそう言いたいのですか？」

♀さんは頷きながら言った。

♀：「そう思います。宅急便業界をリードしているヤマト運輸は15万人規模の大企業ですが、常に新しいサービスを生み出していて元気です。その理由は**5000以上の小さなプロフィットセンター（利益責任を持った単位）に分けて**、いってみれば、それぞれが四位一体の組織になっているからではないでしょうか」

♂君も納得したように続けた。

♂：「だったら、当社も組織を細分化してそれぞれ独立性を持たせたユニットにすれば活性化できるわけだ」

♀さんはその通りとばかりにS課長のほうを見て言った。

♀：「S課長、当社の組織全体を四位一体の小さな独立したユニットに変えましょう。小さなベンチャー企業の集まりのようにすれば、大きく活性化することまちがいありません。これで、当社の活性化の問題は解決ですね！」

それまでじっと黙って聞いていたB部長が口を開いた。

B：「確かに組織を小さく分ければ四位一体化による活性化が可能だ。しかし、一方では効率性は失われる。当社のようなメカトロ部品の製造業では効率性も重視しなければならない。そのために、当社では開発、生産、営業という機能別組織にしている。

当社の場合、効率性を維持しつつ、かつ進化・変化を生み出す活性化した組織づくりが必要だ。一つの面だけを見た思い付きで組織を変えるのは危険だ」

部長の発言に一同水を差されたかたちで、再び沈黙の時間が流れた。

創業期

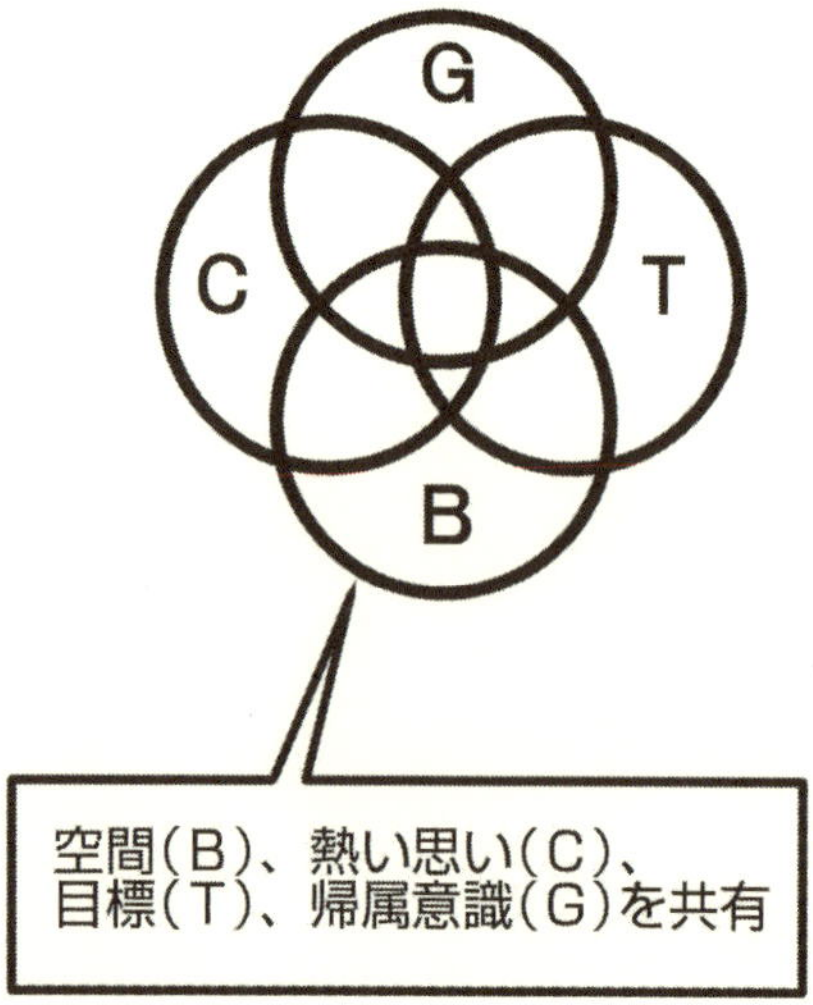

B ：「場」
C ：サークル
T ：チーム
G ：グループ

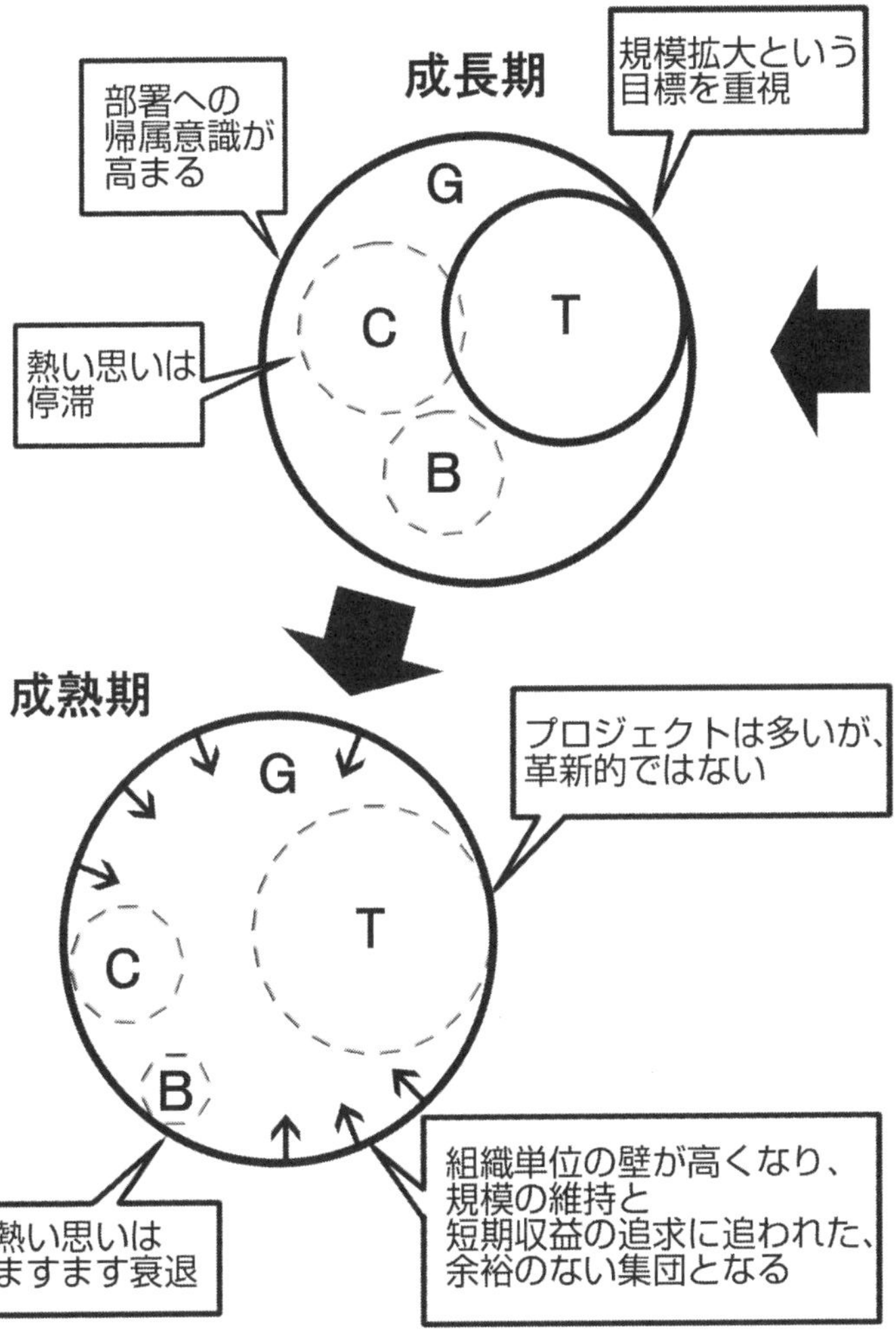
成長期
部署への
帰属意識が
高まる
規模拡大という
目標を重視
G
C
T
熱い思いは
停滞
B
成熟期
プロジェクトは多いが、
革新的ではない
G
T
C
B
熱い思いは
ますます衰退
組織単位の壁が高くなり、
規模の維持と
短期収益の追求に追われた、
余裕のない集団となる

3.3 組織横断のリーダーの〝塊〟をつくる

沈黙を破って、♀さんが自分に言い聞かせるように話し始めた。

♀：「社内研修で現在私たちが提供しているプログラムは、社員個人向けの専門技術研修や品質管理研修とかいろいろありますが、来期からの研修で一番の重点は、当社の増収増益に見える形でつながる集団力をパワーアップする研修にしようということですよね」

S課長が言った。

S：「その通り。従来の研修プログラムを精査して、継続するものと中止して個人で頑張ってもらうものに分ける。プログラムの数に余裕が出る分を増収増益に直接寄与する研修プログラムを加えようと思っている」

♀さんが続けた。

♀：「増収増益に向けての進化・変化を社内から生み出すためには、現在の機能別や業務別に細分化された縦割り組織ではダメで、本当なら事業単位で開発、製造、営業、サービスを一つにくくった組織や、ベンチャー企業の集まりのような組織形態にすれば可能なわけですよね。でも、当社の場合、中小量多品種の部品事業で、効率も無視できないのでそれはできないわけですね。ということは、打つ手がないじゃないですか」

S課長も自分の頭の中を整理しながら言った。

S：「機能別、業務別の組織であっても時間と心に余裕があれば、自分の所属する部署のノルマを達成する一方で、明日の糧を確保するために〝場〟やサークルを他部署の人達と組織横断的につくることは可能だ。しかし、部署長を始めその部下の社員に余裕もなければ、明日の糧づくりの行動を評価する制度もない。これでは、社長がいくら声を大にして進化・変化を叫んでも社員は動かない。♀さんの言う通り無理だ、私にも答えが見えない」

重苦しい雰囲気がつづく中で、♂君が吹っ切れたように言った。

♂：「組織が縦割りだから無理だ、部署長にも社員にも余裕がないから無理だというのはその通りですけれど、それらを変えられないのなら、その条件下でベストの答えを出せばいいのではないでしょうか。所詮、企業に理想的な組織なんてないわけだし、企業活動とは目の前の顧客や足元のトラブルの対応に追われて、常に非常ベルが鳴り続けているような余裕のない状況だと思うのです」

B部長がニコッと♂君の方を向いて話した。

B：「♂君はいいことを言うね。私もその通りだと思う。組織は縦割り、現場は超多忙の中で、いかにして進化・変化を生み出すかが課題だ。このままでは閉塞、窒息してしまうとは誰もが感じていることだ。今こそ人材開発部が存在感を出すべき時だ」

♀さんが言った。

♀：「部長のおっしゃることはよくわかります。そして、当社を救うために敢えて人材開発部に志願されて来たこともわかっています。本当は、何か良い案をお持ちなのではないですか？　だったら、隠さないで教えてくださいよ。部長！」

B部長が真面目な顔をして少し長い話を始めた。

B：「私は入社以来25年間営業畑一筋でやってきました。

好調なバブル期は調子に乗って、当社の製造キャパシティの限界を越えた受注をしてしまい、納期遅れのクレーム対応の日々でした。

バブル崩壊後の厳しい状況の時は生き残りを賭けて注文取りに世界中を東奔西走しました。

リーマンショックの時は、製造ラインの7割が止まってしまって、これで一巻の終わりかと思いました。

最近では後発の新興国メーカーとの低価格競争を強いられて、顧客との価格交渉に大きなエネルギーを割いていました。

理屈では、明日の糧のために製造や営業の現場から進化・変化を生み出しなさいとは言うけれど、日を追うごとに現場の余裕はなくなってきている。私は現場に任せきりではこの問題は解決しない。何か、今までとは違う仕掛けが絶対に必要だと思うようになったのです」

♀さんが尋ねた。

♀：「今までと違う仕掛けってなんですか？　ズバッと言って下さいよ」

B部長は言った。

B：「ズバッと言うと、**人材開発部が当社の現場の進化・変化づくりの支援機能を持つこと**です。実際に進化・変化を生み出すのは開発、生産、販売に関わる、いわゆる現場の社員達だが、かれらが活動するのに必要な支援をする。それらを人材開発部が請負ってみてはどうかと考えている」

♀さんが言った。

♀：「ということは、いままで現場に丸投げしていたためにフリーズしてしまっている進化・変化の活動を私たちが本気で下支えするということですね。**人材開発部を企業内のサービス会社**と考えると、当社の現場を顧客とする、増収増益につながる進化・変化の加速支援サービス業みたいなイメージでしょうか？」

B部長が言った。

B：「その通りだ。現場のOJTは業務に必要なマニュアルの教育や個人のスキルアップで手一杯状態だ。明日に向けての進化・変化を生み出す訓練をしている余裕はない。だから、私たち人材開発部が増収増益にいたる、進化・変化の集団行動の〝流れ〟を現場の中につくるしかない」

S課長が唸った。

S：「増収増益にいたる集団行動の〝流れ〟ですか……」

B部長はさらに続けた。

B：「増収増益に向けての進化・変化を生み出すためには、一つの事業について開発、設計、製造、品質管理、生産管理、営業、サービスを担当、あるいは関係している**リーダーまたはリーダー候補生を組織横断の〝塊〟として集め、強化育成**すればいい」

S課長が再び唸った。

S：「進化・変化のための集団行動の〝流れ〟をつくれ。その次は、組織横断のリーダーの〝塊〟を強化育成しろ。ですか……。言葉が躍ってますね。イメージできません」

♀さんが整理するように部長の話をフォローした。

♀：「部長のおっしゃりたいことはこういうことですか。

①当社の社内研修を個人力重視から集団力の復活に重点を変える。

②研修の対象としての集団の単位は、同じ事業を担当、または関係するリーダーを組織横断的、機能横断的に集める。**仮にこれを〝塊〟と呼ぶ。**

③それぞれの〝塊〟では〝場〟、サークル、チーム、グループの**〝流れ〟を理解する研修をする。**〝場〟から始まる〝流れ〟が次々に生まれては、トライアンドエラーを重ねていく。多くのアイデア→企画→〝チョット〟試作して試し打ちという一連の試行錯誤の〝流れ〟を繰り返す。これにより進化・変化を生み出すことができることを研修する。

そして、④リーダー達がそのような〝動き〟を日常的に現場でできるように研修を行なう。

さらに⑤人材開発部がその支援と下支えをする。

ということですか?」

部長が言った。「その通り!」

プロジェクトをめぐる各部署のリーダーたちを
“塊”として集め強化育成し、
増収増益につながる進化・変化の“流れを”生み出す！

“塊”

3.4 事業づくりと人づくりの一体化

S課長が言った。

S：「別の言い方をすると、〝塊〟は当社の組織図にある単位ではなく、**ある製品群や事業を担当するリーダー達の組織横断の集団**のようなものですね。少しイメージが湧いてきました。アメーバ組織やベンチャー企業のような**四位一体に近い集団を研修の場で擬似的（バーチャル）につくろう**というわけですね。それが〝塊〟で、それを人材開発部門が研修という装置の中でつくり、育成する。そうすることで、事業ごとに増収増益に向けての進化・変化を復活させようという試みですね」

♀さんが言った。

♀：「〝塊〟は事業に対応させるわけですから、当社の製品、サービス、あるいは地域を事業としてどのような単位に括るかが重要ですね。現在の組織体制にこだわるのではなく、本当に強い事業を創るという視点で括る。この辺は経営企画の人達と十分擦り合わせる必要がありそうですね。事業の括りは経営戦略そのものですから」

♂君が言った。

♂：「確かに〝**塊**〟**をどう作るか**はとても重要だと思います。顧客業界で括るのか、製品で括るのか、地域で括るのか、それともビジネスモデルで括るのか……。これもたぶん正解はないのであって、いろいろ試しながら変えていく。進化・変化させていけばいいのですね。とりあえず始めてみることが大切で、あとはしっかりフィードバックをかけていけばいい。私たちも**トライアンドエラーを繰り返して進化していく**ということですね。わかりました」

S課長が言った。

S：「人づくりと事業づくり、つまり**人材戦略と事業戦略の連動**は今後ますます重要になると思っていました。これが経営企画との連携を強める良いきっかけになると思います。ただ、問題は各事業部や部署長がどう反応するかが心配です」

♂君が尋ねた。

♂：「何が問題なのですか？　事業部や部署長の助けになるのに」

S課長が答えた。

S：「立ち入られることに不快感があるのではないでしょうか。事業づくりは自分たちの問題で、人材開発部に何ができると。そして、自分達の領域を冒されるような反発です」

B部長がすぐに言った。

Ｂ：「その可能性は大いにある。しかし、私もそうだったが、建前としてやらなければならないという意識はあっても、実際にやれていないわけだ。やり切れていない、動き切れていないということだ。大丈夫、私が体を張って頑張るから」

♀さんが言った。

Ｂ部長の決意と覚悟にそれぞれのメンバーは自分の思いを重ねて、頷き始めた。

♀：「部長！〝塊〟の強化育成で行きましょう。従来の風が吹けば桶屋が儲かる式の研修には迫力がありません。即そして、直接的に事業収益にインパクトを与える〝塊〟の強化育成は今当社が真に必要とされている研修だと確信しました。もちろん、私たちも〝塊〟の強化育成をぶち上げる以上、周囲の注目も集めますし、事業部門の部署長から厳しい目で見られることになると思います。でも、それを覚悟してやりましょう」

Ｂ部長が嬉しそうに言った。

Ｂ：「そうですか。覚悟を決めてくれましたか。同志になったということですね」

♀さんが言った。

♀：「21世紀は人材の時代と言われながら、人材開発についてしっかりしたスタンスや考え方を持っていませんでした。これからは私たちが鍵を握っているのですね。部長！」

“塊”の強化育成が当社に必要な研修だと確信しました！
私たち人材開発部もトライアンドエラーを繰り返して進化していくということですね！
人材開発部が動きます
人材戦略と事業戦略の連動は今後ますます重要になる！

4.〝動き〟を差別化する！

25％（クォーター）の社員が変われば企業は変わる。全体の25％を研修で育てよう。クォーターが他社とは一味違う〝動き〟を共有できれば、世界で勝てる！

4.1 頭で理解しても〝動き〟にならない

〝塊〟（同じ事業に関わる機能横断、組織横断のリーダー達からなる集団）を対象として集団力を高めればよいということでメンバー一同は納得した。

♀さんが言った。

♀：「従来の選抜研修で長年頑張ってやってきました。ただ、効果がなかったのは、その研修生の集め方に大きな問題があったと思います。来期の研修では〝塊〟単位で研修することで、従来の一般的かつ総花的内容ではなく、もっとそのビジネスに関係して絞り込んだ生々しい内容、生のテーマで研修できると思います。これは大きな進歩です」

しかし、再び♂君が心配そうな顔をして言った。

♂：「リーダーやその候補生を事業ごとに括って、その中で担当する事業の進化・変化を常に生み出すような集団力アップの研修を提供することで、その根拠や必要性は十分納得しました。

その他の社員についてはどのような研修形態、内容にすればよいのかのイメージが全く湧きません。全社員を対象にすることは現実的に難しいと思います。それに中には、研修しても効果のなさそうな人もたくさんいますし」

S課長も言った。

S：「リーダーだけでなく、ある程度まとまった何割かの人が同じような考えとやり方を共有しないと変える原動力にはならないと思います。〝塊〟としてリーダーだけを研修しただけでは空回りすることになってしまいます。お手並み拝見とばかり周囲の人達は傍観者になってしまいます」

B部長が言った。

B：「この前、組織風土改革をテーマにしたセミナーで面白い話を聞いてきた。日本企業数百社に向けてアンケート調査を実施したそうだ。設問は『あなたの会社は何人の人が変われば全体が変わると思いますか？』だ。

回答を整理すると、2つの答えが圧倒的に多かったそうだ。一つの答えは、『人数ではなく、キーとなる人が変われば全体が変わる』というものだ。**社長や経営幹部が変わることで会社は変わる**というもっともな意見だ」

♀さんが言った。

♀：「部長、もう一つの答えは何だったんですか」

B部長がつづけた。

B：「もう一つの答えは、『**全体の25％程度の人が変わると、全体がガラッと変わる**』というものだ。これは、私が事業部で頑張っていた時の感覚と全く一致している。絶対量が25％位になると無視できない存在になるわけだ。英語では25％をクォーターというので**クォーター理論**と名付けたそうだ」

♀さんが言った。

♀：「クォーター理論って面白いですね。何か新しいものが市民権を得るには4分の1くらいのボリュームが必要なのですね。

私も炭素繊維で有名な**東レの風土改革の話**を聞いたことがあります。従来の成熟した繊維事業からハイテクの機能素材事業へ大きく経営を展開して成功しました。企業全体の風土は機能素材事業の売上が全体の売り上げ規模の4分の1を超えたところから急激に、加速度的に変わったそうです」

S課長が言った。

S：「わかりました、他に良さそうな理論はなさそうですから、とりあえずクォーター理論で行きましょう。ということは、まず同じ事業を担当する組織横断のリーダー達の〝塊〟の研修を行ない、その内容を**それぞれのリーダーの属する部署の４分の１程度の社員に共有させる**ための研修をすればいいわけだ。**二段構えの研修**によって、集団力で世界に勝てる企業になるわけですね。イメージができあがってきました」

♀さんが言った。

♀：「これで研修の進め方は明確になりました。納得です。次は、研修の中身ですね」

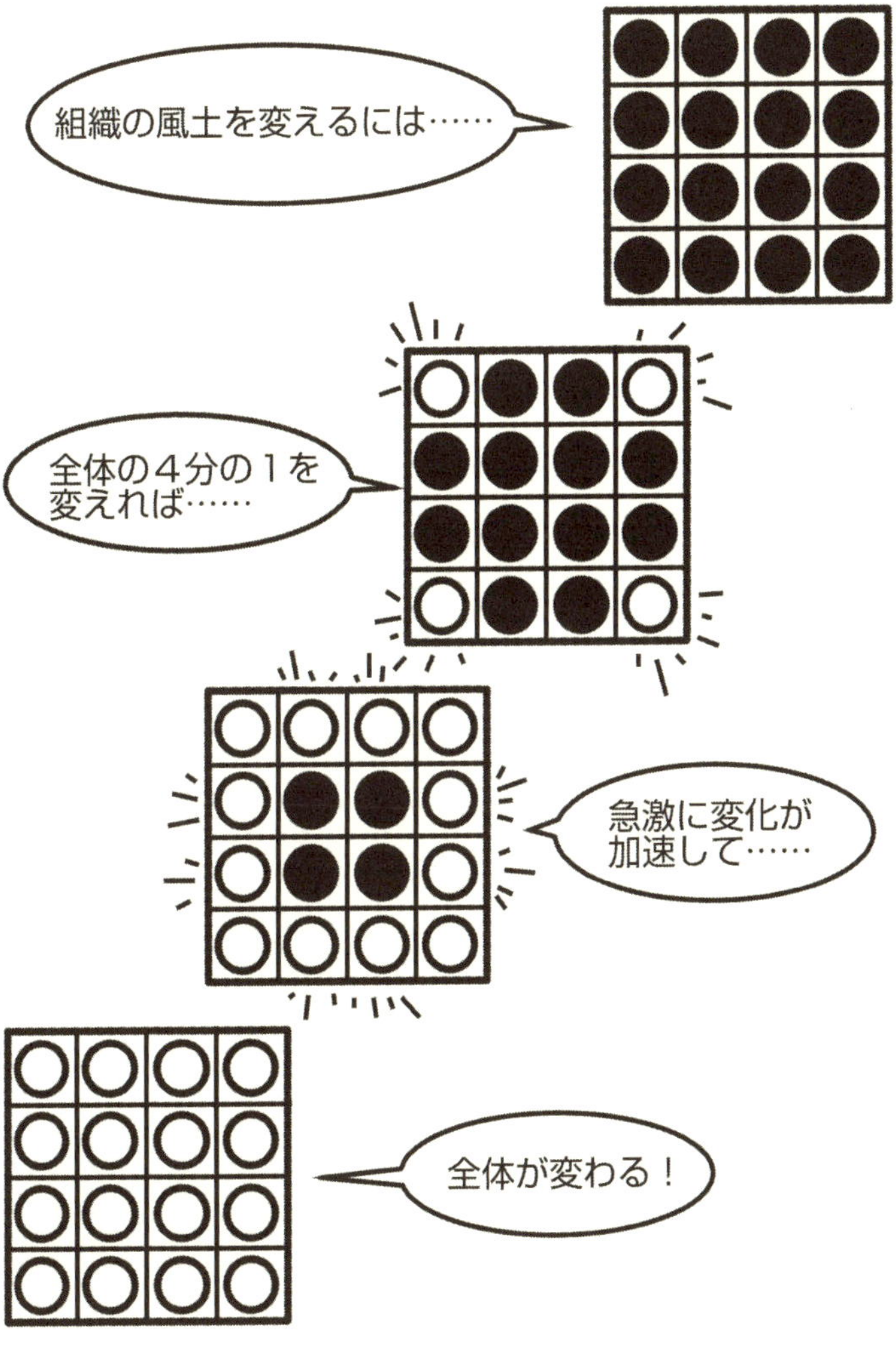
組織の風土を変えるには……
全体の４分の１を変えれば……
急激に変化が加速して……
全体が変わる！

4.2 〝動き〟の差別化

話は次の研修の中身、内容へと進んでいった。

B部長が言った。

B：「これで来期の研修プログラムの枠組みは大体見えてきた。整理すると、進化・変化を互いに連携しながら具体化するリーダー集団を同一事業ごとに、そして組織横断的につくることだ。従来のリーダー研修内容があるべきリーダーとしての個人力のパワーアップ、部下への指導力のパワーアップだったのに対し、リーダー集団を対象とする来期からの研修では、互いの連携による進化・変化を創り出す、いわばリーダーの〝塊〟（かたまり）力をパワーアップすることに重点を置かなければならない。衰退してしまった当社の集団力を再活性化するための〝塊〟研修ということだな」

♂君が感心したように言った。

♂：「〝塊〟研修か。わかりやすくていい名称ですね。『同じ事業に携わる、リーダーを組織横断的に集めて、明日に向けての進化・変化を創りだすための研修』という長たらしい説明だと、確かに正確な表現ですが、とっつきにくいし、感覚的にわかりづらいですね。

当社では**『〝塊〟研修』**という名称に統一しませんか？」

S課長が言った。

S：「『〝塊〟研修』はいいネーミングですね。『〝塊〟研修』の内容を4分の1の社員が共有するための二段目の研修は**『クォーター研修』**としてはどうでしょうか？」

♀さんも続いた。

♀：「私も大賛成です。いままで人材開発部でやってきたことと言えば、業界他社でやっていることのやり方も中身も、そしてその名称も同じにして、横並びだったじゃないですか。ということは、何ら自分達に独自性がなかったということです。来年度からは『〝塊〟研修』と『クォーター研修』で独自性を出しましょう！　他社からベンチマークされるようになりたいものです」

S課長が言った。

S：「それでは、とりあえず名称は『〝塊〟研修』と『クォーター研修』として、本題の中身はどうしましょう。今までのリーダー研修と何を大きく変えていくのかがまだ見えていません」

♂君が今までの議論を整理するように言った。

♂：「『〝塊〟研修』の目的は、早期にそして、継続的、持続的に増収増益に直接結び付く数多くの進化・変化を生みだし続けること。従来型の研修との最大の違いは個人としてのリーダーを育てるのではなく、〝**塊**〟**というリーダー集団を育てる**ということですよね。それから、『クォーター研修』では〝塊〟研修の内容、アウトプットを共有して、〝**動き**〟**のある組織風土に変える**ことですね」

♀さんが言った。

♀：「経営の教科書には、事業戦略の3要素として、

①数値目標、

②戦う土俵、

③しくみ、

があります。これらはすでに当社の中期経営計画の目標として記載されていますから、〝塊〟ごとにじっくり咀嚼、確認させるような研修をやればいいと思います。ただこれだけでは従来のリーダー研修とあまり大きくかわりません。**集団としての〝動き〟の差別化を加えれば、世界を相手に勝てる**ような気がします」

S課長が補足した。

S：「数値目標とは売上高、利益額、ROEなど。

戦う土俵は製品、市場、地域、技術などのそれぞれの領域における当社としての選択と

集中ということ。

しくみはビジネスモデルや事業体制、社内制度やルールといったものだ」

♂君が言った。

♂：「やはり、〝動き〟の差別化ですよ、部長。〝動き〟は単に日常のルーチンワークをマニュアルに従ってスピーディに、効率的に進める行動とは全く違う種類のものです。新たな創意工夫、改良改善、新製品や新サービスなど絶えざる進化・変化を生みだし、積み重ねる行動、そしてそのための絶えざる試行錯誤の行動です」

二段構えの研修

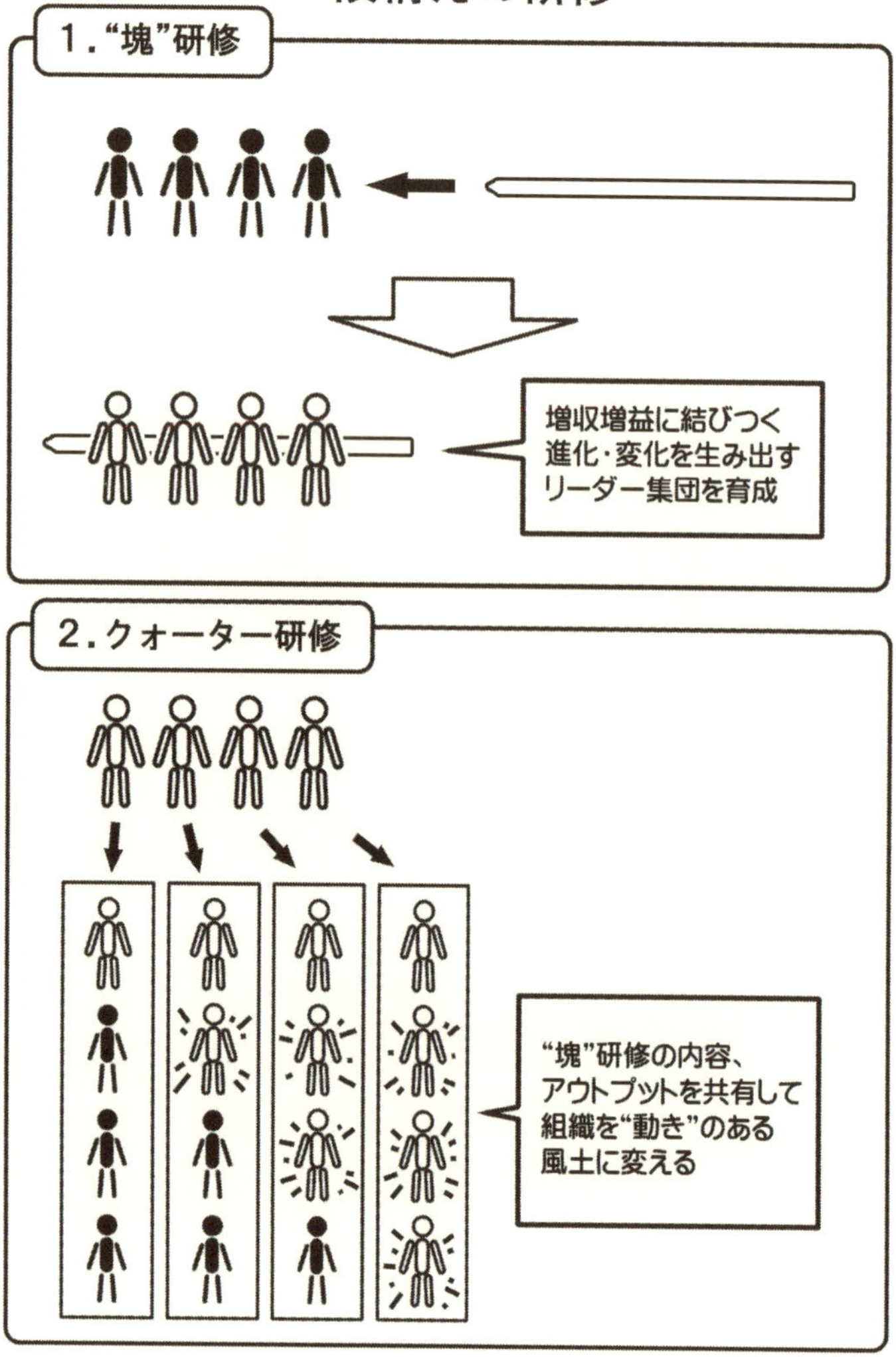
1.“塊”研修
増収増益に結びつく
進化・変化を生み出す
リーダー集団を育成
2.クォーター研修
“塊”研修の内容、
アウトプットを共有して
組織を“動き”のある
風土に変える

4.3　増収増益にいたる戦略的〝動き〟をデザインする

♂君の「〝動き〟の差別化」という言葉に部長以下メンバーが大きく反応した。

S課長が言った。

S：「製品・サービスや技術の差別化ということは、今までにも社内でたびたび取り上げられて、それなりの方向づけをしてきたけれども、〝動き〟の差別化というのは初めてです。♂君、もう少し詳しく説明してもらえますか？」

♂君が困ったような顔をして言った。

♂：「特に深く考えて言ったわけではありません。ただ、社員の動きが悪いなら、他社以上によくすればいい。それを〝動き〟の差別化と言っただけです」

B部長が身を乗り出して言った。

B：「〝動き〟の差別化という視点は大変面白いと思う。実は、私も♂君と同じことを事業部にいた頃考えていた。当社の宿命として、進化・変化で勝つためには、いろいろとトライアンドエラーをしなければならない。しかし、どこに向けて頑張ってトライアンドエラーをするのかがわからなかった。私も闇雲にやっては見たものの、突破口を見つける前に疲れてしまった。

他社以上に進化・変化を生み出すためには、何か『これを達成すれば増収増益につながる』という確信みたいなものが自分たちの中に共有されていないと、力尽きてトライアンドエラー行動が途絶えてしまう」

♀さんが言った。

♀：「部長がおっしゃりたいことは、たとえば当社のような部品事業だったら、世界のユーザー企業の設計図に当社製品がスペックインされるように、当社製品自体が小さなニッチ市場でいいから**業界標準（デファクト・スタンダード）となること**。なぜなら、業界標準になれば間違いなく増収増益につながるからです。だから、何としても世界の業界標準となることが、自分たちの達成目標だと〝塊〟のリーダーたちが確信することが必須ということでしょうか？」

B部長が言った。

B：「達成目標の共有化についてはその通りだね。それと同時に目標にたどり着くために絶対に突破しなければならないいくつかの関門についても共有しなければならない」

♀さんが尋ねた。

♀：「到達目標にいたる過程での関門の共有化とはどういうことでしょうか。目標を世界の業界標準の獲得とする場合は、何が突破しなければならない関門なのでしょうか?」

B部長が続けた。

B:「世界のデファクト標準獲得にいたる行動では、まず自分たちの**技術における強烈な〝売り〟**をつくらなければならない。これが一つ。

もう一つは、**顧客業界のリーダー企業に提案して、採用されなければならない**。

また、他にもあるだろうが、私の経験ではこの2つは**絶対に突破しなければならない関門**だ。突破するためには、多くのトライアンドエラーが必要なことは言うまでもない」

♂君が部長の言ったことを確認するようにフォローした。

♂:「つまり、組織横断の〝塊〟研修では、まず第一に当社の事業はもっと売り上げと利益を拡大できるに違いないと思うことですね。そして、増収増益を約束できるレベルの商品やサービス、あるいはビジネスモデルの達成目標を見極めて、共有することですね。ここまでやれば、絶対に増収増益できるという達成目標を確信することですね」

こんどは♀さんがつづけた。

♀:「もう一つは、その達成目標にいたる途中にある、絶対に突破しなければならないいくつかの関門を絞り込んで〝塊〟のメンバーが納得、共有化することですね。そして、それらの関門を突破するためにトライアンドエラーを積み重ねるわけですよね。宝のありかとそこにいたるための関所が描かれたルートマップのようものですね。でも、部長、達成目標と関門のルートマップをつくって、共有するにはどのような方法があるのですか？」

B部長が言った。

B：「達成目標と関門についてはそれぞれの〝塊〟研修で見極めることになるわけだが、ある程度の戦略ガイドラインはある。**事業の勝パターンは大別すると6種類ある。**それぞれに増収増益の戦略定石や、ガイドラインはあるから、あとはそれをベースに〝塊〟研修で自分たちの事業に当てはめて行動ルートマップをつくり込んでいけばいい」

♂君が言った。

♂：「なるほど、事業の勝パターンや戦略ガイドラインの詳細については後で勉強することにして、〝塊〟研修で増収増益につながる達成目標と突破すべき関門を設定、納得、そして共有することができるわけだ。

これで、**どこに向かっていけばいいのか、何を突破するためにトライアンドエラーを繰り返せばいいのか**がリーダー間で共有できますね。そして、それを後日クォーター研修でさらに共有化の輪を広げていけばいい」

S課長が言った。

S：「達成目標と関門の明確化、共有化についてはわかったような気がします。その関門の突破に向けてのトライアンドエラーの密度を他社以上に高めることが〝動き〟の差別化ということになるのでしょうか？」

B部長が頷きながら言った。

B：「その通りだね。避けて通れないいくつかの関門が目標になるから、あとはトライアンドエラーの密度を高めればいい。すでに〝場〟、サークル、チーム、グループという話をしたが、リーダーだけでなく、クォーターの社員が日常的に、絶えず〝場〟やサークルで関門突破に向けたきっかけづくりと、粗い青写真づくりをして、**片っ端からチョット検証**してみればいい。粗い青写真をつくってはチョット試すことを他社以上にやればいい。あまり時間をかけてはいけない。〝チョット〟がキーワードだ。『多産多死』、『試し打ちの数』だ」

♀さんが言った。

♀：「部長！　何となくイメージが湧いてきました。関門に向けて同一事業に関係するリーダーと一般社員が、〝場〟やサークルを連携して次々につくっては壊し、またつくっては壊しながら、多産多死を経て、ひとつの青写真を練り上げる。それを社内プロジェクト化して一発必中で具体化していくわけですね」

♂君も言った。

♂：「私もイメージできました。**社員達が日常的に一人四役をこなしている姿**です。
第一は所属部署で今期のノルマ達成に精を出している自分、
第二は社内外の〝場〟で関門突破のための情報とキッカケを摑もうとしている自分、
第三はキッカケをもとに思いを同じくする〝塊〟の他のメンバーとサークルでチョットつくっては試し打ちをしている自分、
そして、第四はプロジェクトメンバーとして青写真を具体化している自分です。
同じ事業に関わる社員は互いに連携して、皆ひたすら関門突破に向けてトライアンドエラーの行動をします。これが、集団としての〝動き〟の差別化ということですね」

達成目標
失敗しても
それは「ルートの中の失敗」だ
ムダにはならない！

4.4 そうだ、電子紙芝居で差別化できる！

〝塊〟研修で達成目標、関門、一人四役の〝動き〟をアウトプットさせ、それをクォーター研修で共有の輪を広げることで当社の世界での存在感を増し、増収増益への道ができるとメンバーは確信した。

メンバーが頷く中で、♀さんが言った。

♀：「私は研修のアウトプットのやり方について一つアイデアがあります。〝動き〟の差別化ですから、**直接〝動き〟をアウトプットするような研修**がおもしろいと思います」

S課長が言った。

S：「♀さんは何を言いたいの？　直接〝動き〟をアウトプットするというのは、たとえば動画にしてみることですか？」

♀さんは首を横に振った。

♀：「課長のイメージしているのは〝動き〟をビデオカメラで撮影するとか、宮崎駿監督のアニメ動画のようなものをつくることだと思うのですが、それは大掛かりすぎて現実的でありません。もっと粗くてもいいからシンプルでないと研修のアウトプットには適しません」

B部長が言った。

B：「私が入社したときの上司が団塊世代の方だったのですが、子供の頃はテレビもない時代で、毎日近くのお寺の境内で水飴をなめながら紙芝居を見るのが一番の楽しみだったそうです。〝動き〟を紙芝居にしてみてはどうかな。シンプルなお絵描きソフトもあるから、電子紙芝居なら比較的簡単に作れる」

♀さんも言った。

♀：「私も部長と同じイメージです。紙芝居で十分です。差別化された当社ならではの〝動き〟を電子紙芝居にまとめてもらいましょう。**電子紙芝居をつくることで、〝動き〟のイメージが共有できます**。抽象的な言葉でのごまかしがなくなりますから、具体的な集団行動に直結します」

電子紙芝居という議論をしながら、B部長はある重要なことに気が付いた。

B：「電子紙芝居は〝動き〟を目に見える形にしたものですよね。〝塊〟研修のアウトプットを見える形にしておけば、それをたたき台にして、次のクォーター研修で改善改良しながら進化させることができますね。つまり、〝動き〟自体を研修で進化・変化させて差別化を継続できるわけです。毎回同じような内容で研修するのではなく、回を重ねるごとに

〝動き〟のレベルと集団としての共有化の程度も高まるわけだ」

メンバー一同が頷くのを見極めてB部長が言った。

B：「さて、来期の社内研修プログラムについておおよその骨格が見えてきたと思います。S課長、ここら辺で今日のミーティングの内容を整理してまとめてもらえますか？」

S課長がまとめた。

S：「次期社内研修プログラムに『〝塊〟研修』と『クォーター研修』を組み込みます。従来のようにいろいろな部署からリーダー候補生を集めて集合研修するのではなくて、同じ事業に関わる組織横断のリーダーを集めて、その〝塊〟単位で研修するということです。『〝塊〟研修』でのアウトプットは、増収増益を可能にする①達成目標と、②そこにいたるいくつかの関門。そして、③関門を突破するための連携した〝動き〟です。

〝動き〟は日常的に、継続的にトライアンドエラーを繰り返す行動です。そして、〝塊〟ごとの〝動き〟を電子紙芝居としてアウトプットします。〝塊〟研修でアウトプットされた電子紙芝居は、その次の『クォーター研修』のたたき台として使用されます。

これを繰り返すことで、当社全体の〝動き〟が継続的に進化・変化し、差別性を維持できます。

また、人材開発部の覚悟として、現場がお客様で、真にその役に立つ研修であること。

現場に立ち入り、現場の状況を熟知すること。人材開発部自らが進化・変化していくことです」

B部長が言った。「よーし、これで当社の明るい将来に向けての道が開けた！」

ディスカッション――組織力の高め方

A大学のビジネススクールの滋賀教授は、卒業生と3カ月おきに定期的な勉強会を自分のオフィスで開催している。卒業生はいろいろな業種で中堅社員として現在活躍している。滋賀教授といつもの教え子6名の勉強会でこの『〝塊〟研修』の物語が取り上げられた。

勉強会メンバー：

滋賀教授：A大学ビジネススクール教授
早乙女君：アパレル会社の営業部長
宮田君：電機会社ソリューション営業部長
木村君：ゲームソフト会社経営企画部グループリーダー
石坂さん：人材派遣会社人事部長
小西君：医療サービス会社営業グループリーダー
綾戸さん：ペット用品会社の商品企画グループリーダー

D－1　電子紙芝居の意味

滋賀教授が『〝塊〟研修』の物語を一通り説明し終わると、アパレル業界の企業で営業部長をしている早乙女君が感想を述べた。

早乙女：「この物語の最大のポイントは最後の電子紙芝居ではないでしょうか。これは、単に〝動き〟のイメージを共有するという以上の意味があると思います」

滋賀教授も同意した。

滋賀：「私もこの部分にはハッとさせられた。なぜなら、**日本企業の強さの原点**に立ち返ったやり方だからだ」

滋賀教授が少し長い話を始めた。

滋賀：「ユーラシア大陸の東の外れにある、人口1億ちょっとの小さな島国の日本が、世界でGDP第三位という奇跡的な大健闘をしている。私たちは当然のことのように感じているが、よく考えてみると凄いことだ。もちろんいくつかの歴史上の幸運にも恵まれたこともあるが、この奇跡を生み出している日本企業のパワーの源泉は何なのかを私はいつも考えている。それは戦略的な計画をつくる力でもなければ、優れたリーダーの数が海外の企業より多いわけでもない。個人個人の創造力が特に高いわけでもない。ただ、ひとつあるとすれば海外企業には見られない特徴として、**『目の前の顧客、目の前のモノに一生懸命』**

というDNAだと思う。モノづくりが世界一と言われているが、それは目の前にモノがあると、それを皆で寄ってたかって改良改善して品質を極限まで高めてしまう。時には過剰品質で袋小路に入ってしまうこともあるけれどもモノを磨き上げる本能を集団として持っている。私は日本企業で働く人々を良い意味で昆虫にたとえて〝**磨き虫**〟と思っている。〝磨き虫〟がモノとサービスを磨きつづけて世界一の品質立国と『お・も・て・な・し』立国を実現している」

ペット製品会社の製品企画をしている綾戸さんが言った。

綾戸：「確かに、私の会社でも自社製品や他社製品を皆で寄ってたかって叩いて、改良改善を当たり前のこととしてやっています。海外のペット用品会社に比べて新製品の数は圧倒的に多いです。一方では、製品のライフサイクルは極端に短くなっています。だから、いつも忙しい。教授のおっしゃるとおり、自分が〝磨き虫〟であることに間違いありません。ところで、その〝磨き虫〟と電子紙芝居とどんな関係があるのですか？」

滋賀教授が話をつづけた。

滋賀：「じつは、磨き虫が活躍するためには目の前に磨く対象としての具体的なブツが必須だ。具体的なブツがあればそれを寄ってたかって改善改良していく。IT用語でいえば『上書』していくことだ。ブツは見たり、あるいは触ったりすることができる形になってなければならない。英語でいえばタンジブルでなければならない。サービスもいくつかの型にすることでタンジブルになる。実は、このタンジブル化することが、〝動き〟の差別化にとっても必須のことなのだ。〝動き〟というと、ややもすると抽象的、概念的、断片的な言葉の羅列になってしまいがちだ。それを電子紙芝居という形にすることで磨くことができる。磨き続けることで、もともと日本企業が得意とする〝動き〟をさらに差別化でき、世界で勝負できるというわけだ」

早乙女君が言った。

早乙女：「つまり、〝動き〟を進化・変化させ差別化するには、電子紙芝居のようなタンジブルな形にしなければダメだということですね。だから**研修の成果として必ず電子紙芝居をアウトプットする**。そうしておけば、その電子紙芝居を次の研修、または違う人たちの研修のたたき台として使って上書きさせればいい。こうすることで、〝動き〟自体が共有化されると同時に磨き上げられ、差別化されていくわけですね」

滋賀教授が言った。

滋賀：「日本企業で働く人達は目の前にブツがあると世界一の力を発揮すると考えていいと思う。しかし、反対に、そして非常に残念なことにコンセプト、概念レベルでのディベートやそれを組み立てるパワーは非常に劣っている。ビジネスの分野では、コンセプトを固めて、一発勝負の大型システムをつくる事業や、マスターカードや、VISAカードのようにグローバルレベルのシステムをつくって胴元として稼ぐようなビジネスモデルでは世界の中で全く存在感が薄い。この点、教育者の一人として、小学校からの教育のありかたを考えなければいけないと思っている。最低20〜30年くらいのスパンを覚悟しなければならないが」

D-2　研修の迫力

ゲームソフト制作会社の経営企画部にいる木村君が言った。

木村：「イヤー、この『〝塊〟研修』の物語のように人材開発部がパワーアップしてくれたら、本当にうれしいですね。当社の事業の現場ではまさに、縦割りで、超多忙の中で今期のノルマをこなすのが精いっぱいです。明日の糧のための進化・変化が必要なことはわかっているのですが、経営企画部が一生懸命その必要性を現場に言っても、〝動き〟に落とし込めていません」

滋賀教授が言った。

滋賀：「この小さな物語で言わんとしていることは、**人づくりと事業づくりを一体化する**ことだと思う。ここでいう事業づくりとは、新事業ということよりも、むしろ現在の事業を増収増益に向けて、常に進化・変化させていくことだ。自社が顧客に提供する製品やサービスについて、絶えざる新たな価値づくりと、絶えざる新たな視点での効率化が生き残る条件なのだから、人材開発部も事業づくりと人づくりを一体化させることについて真正面から受け止めるべきだと言っている」

医療サービス会社で営業のグループリーダーをしている小西君が言った。

小西：「事業を強くするという視点で研修をするならば、この物語が提唱している**同じ事業に関わるリーダー達を組織横断的に集めた〝塊〟単位で研修を実施**することは当然というわけですね。たしかに、一般的なテーマで、一人で研修を受けて、なるほどと思って実際に具体化しようとしても他の人を説得するためのエネルギーが大きすぎて諦めてしまいます。同じ事業の仲間が『〝塊〟研修』を受けて、自分たちの事業について、勝ち残りをかけた増収増益に向けての目標や突破口、そして動き方を共有化できたら凄いと思います」

滋賀教授が言った。

滋賀：「事業づくりと人づくりを一体化するためには、どうしても自分達が日頃抱えている生の事業テーマでやらないと迫力がない。たとえば、中堅メーカーの研修に規模の違う優良企業の事例とか、業種の異なる企業のベストプラクティスを勉強することは無駄ではありませんが、参考程度にしかならない。自分達で突っ込んで考える力、実行する力をリーダーや社員につけさせたいなら、生のテーマがいい。『〃塊〃研修』ならそれができる」

厳しいアパレル業界にいる早乙女君が言った。

早乙女：「たしかに、現場の営業の長としては、研修の即効性に期待しています。つまり、現実の事業に即反映できるような内容です。その意味で、『〃塊〃研修』で自分たちの生の事業テーマにすれば、即役に立つと思います」

電機会社の営業をしている宮田君も続いて言った。

宮田：「私も以前、リーダー研修でいろいろ素晴らしい経営ツールを教えてもらいましたが、その時限りになっています。ツールはそれを使ってみることで自分たちのモノになると思います。だから、『〃塊〃研修』では、ツールを教わるだけでなく、実際に自分たちの生の事業テーマに当てはめてみることができるので十分身に付くと思います。他社のベストプラクティスの見方、突っ込み方もちがってくるはずです。今までとは一桁違うレベルの迫力のある研修になると思います」

D－3　日本企業のリーダー像

人材派遣会社の人事部長をしている石坂さんがまじめな顔をして言った。
石坂：「わたくしは、この『〃塊〃研修』の物語に大きなショックを受けています。なぜなら、うちの社のリーダー研修の考え方を根本から変えなければならないからです。他社と同じようにリーダー研修を最重要な研修と位置付けて、各部署から明日の当社を牽引する人材候補を集めて、戦略研修やリーダーシップ研修を進めています。でも、この物語によればそれは間違っている。バラバラに個人としてリーダーを育成しても、現場で空回りするだけだと。個人としてのリーダーを育成するのではなく、同じ製品や事業ごとに組織横断で括った〝塊〟として、事業の目標や避けて通れない関門を共有し、そこに向けての連携したトライアンドエラーの〝動き〟を強化しろと。この物語が目標とするリーダー像が従来のリーダー像とは大きく異なるように思えるのですが」

電機会社のソリューション営業部長をしている宮田君もつづいて言った。

宮田：「確かに、米国企業であれば経営トップがリーダーとして事業の増収増益に向けて3カ年計画という青写真をつくり、トップダウンで具体化していく。それぞれの組織の責任者はその目標と青写真が与えられてそれを与えられた権限を100%行使して、部下を使って具体化する。部下の入れ替えも頻繁だ。これが米国企業のリーダー像だ。責任と権限が明確な、米国企業の場合は、個人として、上から与えられた青写真の具体化遂行力（インプリメンテーション）が非常に重要だ。そして、社内で育てるというより、そういう能力を持ったリーダーを外部から引っ張ってくることも頻繁に行なわれる」

ペット用品会社の綾戸さんが言った。

綾戸：「つまり、日本企業と米国企業ではリーダーの意味合いが大きく違うことを認識しろということですね。たしかに日本企業では事業計画という青写真や責任と権限が曖昧ですから、いくら米国企業的な意味での優秀なリーダーの素質があっても十分発揮できない。個人力で引っ張るのではなく、リーダー集団としてレベルアップをするほうがいい。〝塊〟はその最小単位だというわけですね。たしかに、多くの〝塊〟が増収増益に向けて知恵を出して、試行錯誤の動きをすることで事業が増収増益に向けて進化・変化していくことは十分理解できますが、それでは日本企業にとってのリーダーって何なんでしょうね」

滋賀教授が言った。

滋賀：「米国企業におけるリーダーというのは、目標が与えられて、青写真が与えられて、それらを専門性を持った部下達をコーディネートして具体化していく。集団の定義に当てはめていえば、チームのリーダーに相当する。3年で中期経営計画の数値目標を実現するプロジェクトチームのリーダーだと思えばいい。一方、日本企業では、内部からの創意工夫を積み重ねて進化・変化させていかなければならない。ということは、米国のようなプロジェクトチームのリーダー的役割ではなく、どちらかと言えば〝場〟、サークル、チーム、グループという四つの集団をうまく回して進化・変化を創り出すリーダーでなければならない。だから、まず、情報やきっかけ、あるいは出会いを生み出す〝場〟づくりができなければならない、さらには青写真や企画をアウトプットするサークルづくりもできなくてはならない。そしてそれを具体化するプロジェクトチームのリーダーが務まらなければならない。また、グループのリーダーとして部下たちに対して人間的に求心力を持っていなければならない」

綾戸さんが頷きながら言った。

綾戸：「つまり、四つの集団に自ら絡んでそれらをうまく回していけるような多能工的なリーダーということですね。そして、できれば自分と同じような行動を部下たちができるようにＯＪＴしてあげるような、そんなリーダー像ですね。米国企業のリーダー像がプロジェクトチームのリーダーであるとすると、**日本企業のリーダー像は〝場〟とサークルとチームとグループの四位一体集団のリーダー**ということですね」

滋賀教授は言った。

滋賀：「その通りだと思う。そして、そうしないと進化・変化で世界に勝てない。だから、この物語では日本企業におけるリーダー研修の基本コンセプトを『四位一体集団のリーダーづくり』にすべきだと言っているのだと思う」

人事部長の石坂さんが言った。

石坂：「わかりました、たしかに当社ではリーダー像をはっきりさせずにリーダー研修をしていたと思います。米国型のリーダーをイメージしてみたり、部分的には浪花節的なリーダーだったりして、だからインパクトがなかった。でも、これからは世界で勝つために、日本企業の生命線である進化変化の〝動き〟を、日本企業の得意技である集団力を駆使して生み出していく。そのための『**四位一体集団のリーダー**』を強化育成していくということですね。頭の中がスッキリしました」

D－4　二段重ねの研修

医療サービス会社で営業をしている小西君が言った。

小西：「この物語では、同じ事業に関係するリーダーを対象とした『〝**塊**〟**研修**』と、そのリーダーが属する部署の4分の1の一般社員を対象とした『**クォーター研修**』の**二段重ねの研修**を提案しています。この二つの研修の進め方やアウトプットはどのように違うのかよくわかりません」

滋賀教授が答えた。

滋賀：「わたしも、2つの研修の違いをもう少し詳細に知りたいと思っていますが、この物語から読み取れる範囲でざっくりと整理してみましょう。まず『〝塊〟研修』についてですが、アウトプットは3つです。

第一は、〝塊〟のリーダー達が担当している事業について、決して簡単ではないけれども、何を達成すれば、あるいはどういう状況にもっていけば増収増益が約束されるのか、その達成すべき目標、状況をアウトプットします。

第二はその状況に至るために、突破しなければならないいくつかの関門について討議を重ねて整理します。ただ丸腰で討議しても、従来の思考フレームから脱却できませんから、研修の場で事業の勝パターンに基づく定石などを使い、あるいはたたき台にして討議することで整理できるでしょう。

第三は、いくつかの関門を突破するためのトライアンドエラーの行動を定式化、ルーチン化することです。粘り強く継続して、トライアルの数を重ねることが関門突破には必要ですが、トライアンドエラーの行動を定式化、共有化することで、その都度悩むことなく、互いに協力して多くの試し射ちを継続することができます」

石坂さんが教授の話を整理した。

石坂：「ということは、『〝塊〟研修』のアウトプットは、自分たちの事業の増収増益を実現するために、
①商品・サービス、あるいはビジネスモデルが到達すべきレベル、状況、

②そこにいたるために突破すべきいくつかの関門、そして、

③関門を突破するための定式化されたトライアンドエラー行動の3つですね。

これら3つを合わせて、ひとつの電子紙芝居としてアウトプットするわけですね。これが〝動き〟ということで、これを組織として共有化して、進化・変化で世界に勝てるわけですね」

滋賀教授は頷いて、続けた。

滋賀：「いま、石坂さんが組織で共有化してと言ったが、全員に共有化させることには無理がある。そこで、『クォーター研修』だ。『クォーター研修』の目的は、潜在的に進化変化を起こしてくれるマインドと能力のある社員に〝動き〟を共有してもらうことだ。共有化の方法として、刷り込みというテクニックを用いる。

わかりやすい例で説明しよう。アヒルの子は生まれたときに初めて見た動くものを親と認識するそうだ。そして、親の後を必死で追いかけながら育っていく。人間も頭の中がまだしっかり整理されてない状況で何か見せられると、その枠組みを受け入れて行動する傾向がある。〝動き〟を共有するために、『〝塊〟研修』でアウトプットされた電子紙芝居を見ることで、その枠組みが刷り込まれることになる。『クォーター研修』の大きな目的は擦り込みによる共有化だ。これは、電子紙芝居があるからこそできる」

綾戸さんが言った。

綾戸：「電子紙芝居による擦り込みはよくわかりました。それに加えて、『クォーター研修』では電子紙芝居をさらに上書していきますよね。きっと上書という行動によって、自分たちの問題として考え、共有化の程度が高まるように思います。『〝塊〟研修』で〝動き〟をアウトプットして、『クォーター研修』で組織風土を変えるというしかけですね。面白いですね。私も人材開発部に異動願を出して、実際に『〝塊〟研修』と『クォーター研修』をやってみたくなりました。進化・変化で世界に勝つ企業って夢があります」

勉強会は盛り上がり、お酒も入って教え子たちの自由奔放な、しかし熱い議論は続いた。

いつもの勉強会のように、お酒に弱い滋賀教授はいつしかウトウトと心地よい眠りに入っていった。

［著者紹介］

水島温夫（みずしま・あつお）

東京都出身。慶應義塾大学機械工学修士、米国スタンフォード大学化学工学修士および土木工学修士。石川島播磨重工業株式会社、株式会社三菱総合研究所を経て、フィフティ・アワーズを成立、代表取締役。製造業からサービス業にわたる幅広いコンサルティング活動を展開している。著書『50時間で会社を変える！』(日本実業出版社)、『「組織力」の高め方』（ＰＨＰ研究所）、『50時間の部長塾』（生産性出版）『中期経営計画が「つまらん！」』（言視舎）ほか多数。

社内講演・勉強会のお問い合わせ
mizushima@50hrs.co.jp
フィフティ・アワーズ
http//www.50hrs.co.jp

装丁……佐々木正見
イラスト＋ＤＴＰ組版……出川錬
編集協力……田中はるか

わが社の「つまらん！」を変える本②
社内研修が「つまらん！」
“集団力”はどこへ消えた？

発行日❖2014年3月31日　初版第1刷

著者
水島温夫

発行者
杉山尚次

発行所
株式会社**言視舎**
東京都千代田区富士見 2-2-2　〒102-0071
電話 03-3234-5997　ＦＡＸ 03-3234-5957
http://www.s-pn.jp/

印刷・製本
中央精版印刷㈱

ISBN978-4-905369-84-4　C0334